Das Buch zum Spielfilm
„Der Wunderapostel“

Das Buch zum Spielfilm

DER WUNDERAPOSTEL

Nach den Romanen
„Der Sonnenbruder“ und „Der Wunderapostel“
von Hans Sterneder

Text: Thomas Busse
Fotos: Wolfgang Hausmann, Jutta Kröll,
Damir Kovačević und Harald Feierabend

Grete Häusler-Verlag Nachf.

Rheindahlener Straße 78, 41189 Mönchengladbach

1. Auflage 1996

Gesamtherstellung: Interdruck, 04519 Hohenossig

ISBN 3-927 685-93-3

Inhaltsverzeichnis

Wie alles begann ...

Als ich im Jahre 1985 zum ersten Mal die Bücher Hans Sterneders „Der Sonnenbruder" und „Der Wunderapostel" gelesen habe, hätte ich niemals gedacht, daß ich Jahre später diese Romane einmal verfilmen würde. Sicherlich, ich war tief beeindruckt vom Inhalt der beiden Bücher, von der dramatischen Lebensgeschichte des Beatus Klingohr, den geistigen Zusammenhängen, die so einfach und überzeugend erläutert werden, der poetischen Sprache Sterneders und seinen herrlichen Naturbeschreibungen. Dennoch erahnte ich nicht im geringsten, wie intensiv ich mich diesen Romanen einmal widmen würde. Die Worte auf dem Umschlag des Buches „Der Wunderapostel" wurden für mich auf sehr eigenartige Weise zur Wirklichkeit:
„Ein Einweihungsroman, dessen Gedankenfülle die Vergangenheit der Menschheit bis in die Uranfänge kosmischen Werdens erhellt und von dem der Dichter Ludwig Huna einmal sagte, daß man ‚ein Leben lang von der Schönheit, Weisheit und Tiefe dieses Werkes nicht mehr loskommt'."
1989 spielte ich in einer kleinen Nebenrolle in dem Theaterstück von Hans Sterneder „Die große Verwandlung" mit. Hierbei sammelte ich meine ersten, wenn auch sehr bescheidenen Schauspielerfahrungen. Fasziniert von den künstlerischen Möglichkeiten und der gleichzeitigen Vermittlung geistiger Werte, fragte ich mich, warum es nicht weitere solcher Projekte geben sollte. Und dabei kam mir zum ersten Mal der Gedanke an den „Wunderapostel". Damals dachte ich vordergründig noch an ein weiteres Theaterstück, doch bereits kurze Zeit später war ich davon überzeugt, daß das Medium Film diesem Vorhaben wohl gerechter werden würde.
Als gelernter Diplom-Sozialpädagoge, mit Schwerpunkt Freizeit- und Medienpädagogik, beschäftigte ich mich bereits einige Jahre intensiv mit dem enormen Einfluß, den der Fernseh-, Video- und Kinobereich auf den Zuschauer hat. War es nicht längst an der Zeit, der Flut von Action-, Horror- und Sexfilmen oder sonstigen fragwürdigen Filmen etwas entgegenzusetzen?
Ich war und bin davon überzeugt, daß im Filmbereich ein großer Umdenkprozeß stattfinden muß. Der nicht wegzudiskutierende Anstieg von gewaltverherrlichenden Filmen in Deutschland in den letzten Jahren ist in höchstem Grade erschreckend.
Gleichzeitig stellt man bei vielen Menschen eine wachsende Bereitschaft fest, Gewalt anzuwenden, was sich vor allem in der steigenden Kinder- und Jugendkriminalitätsrate deutlich zeigt. Sicherlich gibt es vielerlei Gründe dafür, doch der Einfluß der Medien wird dabei nach meiner Überzeugung total unterschätzt, obwohl es mittlerweile sehr differenzierte Studien darüber gibt, die unzweifelbar einen ursächlichen Zusammenhang aufzeigen. Warum wohl werden Millionen für Werbemaßnahmen in den Medien investiert, wenn man nicht sicher ist, daß sie beim Zuschauer etwas bewirken, ihn beeinflussen und manipulieren können?

Doch allen Bedenken zum Trotz wird der Einfluß solch fragwürdiger Filme beharrlich ignoriert. Letzten Endes geht es nur um die Einnahmen, die ein Film einspielt. Nicht der Inhalt ist wichtig, sondern ausschließlich finanzieller Erfolg und Ruhm. Dabei ist den meisten Filmemachern jedes Mittel recht. Das Verantwortungsgefühl bleibt dabei auf der Strecke!
Wenn man einerseits davon ausgehen kann, daß bestimmte filmische Ausstrahlungen beim Betrachter negative Empfindungen hervorrufen können, dann ist andererseits die logische Schlußfolgerung, daß Filme auch zum inneren Aufbau dienen können. Und ich fragte mich im Jahre 1989, ob die Zeit nicht reif wäre, Zuschauer auch im Kino, im Fernsehen oder auf Video mit geistigen Inhalten zu konfrontieren. Über einige Jahre hinweg hatte ich bereits auf Esoterik-Messen den enormen Anstieg von Büchern in diesem Bereich verfolgt. Sicherlich gibt es auch dort fragwürdige Entwicklungen, doch ebenso positiv inspirierende, weiterführende Gedankengänge.
Offensichtlich zeichnet sich bei immer mehr Menschen eine Bewußtseinsänderung ab. Immer häufiger sieht man ein, daß uns der Weg des Materialismus, das Raffen nach Luxus, Ruhm und Macht an einen Abgrund geführt hat. Der scheinbare Fortschritt unserer heutigen Zivilisation entpuppt sich deutlicher denn je als ein Rückschritt, der sich durch überfüllte Krankenhäuser, hungernde Menschen, gequälte Tiere bei Tiertransporten und Tierversuchen, die verheerende Naturzerstörung, genmanipulierte Entartungen, radioaktive Verseuchungen, Kleinkriege in Ehen und Familien, Bürgerkriege und Großkriege in vielen Ländern der Erde bemerkbar macht.
Die Abkehr von der Natur und letzten Endes von den Schöpfungsgesetzen Gottes hat offensichtlich ihren Preis! Ursache gleich Wirkung! Aber war nicht gerade das die Botschaft des Wunderapostels: der Aufruf zur Rückkehr zur Natur und zu unserem Herrgott?! Hochaktuelle Themen, die heutzutage viele Menschen bewegen, werden im Roman Hans Sterneders aufgegriffen und in einer neuen Dimension beantwortet. „Der Wunderapostel" zeigt einen in der Vergangenheit verschleierten Weg des Heils neu auf, der Lichtblicke in das verwirrende Chaos heutiger Tage bringen kann. Längst verlorengegangene Schöpfungsgeheimnisse weiß er in beeindruckender Weise zu vermitteln. Gerade das hatte mich beim Lesen so fasziniert: die Klarheit, die Unmißverständlichkeit und auch die Notwendigkeit der eindringlichen Worte dieser christusähnlichen Gestalt.
Da es im Filmbereich nur wenig Vergleichbares zur blühenden spirituellen Literatur gibt, schien mir „Der Wunderapostel" geradezu prädestiniert zu sein, um dieser Branche den Stein des Anstoßes geben zu können. Vieles ging mir damals durch den Kopf. Nur an eines hatte ich noch nicht gedacht: Wie könnte ich ein solches Vorhaben jemals realisieren – keinerlei Filmerfahrung, so gut wie keine Schauspielerfahrung?!

Aber der Gedanke ließ mich nicht mehr los! Natürlich erntete ich Spott, mitleidvolles Lächeln und anderes mehr, wenn ich von dem Vorhaben, einen Spielfilm drehen zu wollen, erzählte. Nur wenige nahmen mich ernst. Eine davon war meine Schwiegermutter, Frau Grete Häusler, Leiterin des Bruno Gröning-Freundeskreises, dem ich ebenfalls nahestehe.
Anfangs skeptisch, vor allem was die Finanzierung des Filmes betraf, sagte sie letzten Endes zu, mich in allen Belangen zu unterstützen. Ein erster Schritt war gemacht, die Produzentin gefunden! Es wuchs die innere Sicherheit ein Vorhaben umsetzen zu wollen, das vom göttlichen Segen begleitet wurde. Für viele mag dies befremdend klingen, doch als gläubiger Mensch spürte ich mehr denn je, so etwas wie einen Auftrag erfüllen zu sollen.
Im Freundeskreis Bruno Grönings hatte ich mittlerweile vieles erlebt, was mich in meinem Vorhaben entscheidend bestärkte: Hilfen und Heilungen bei zum Teil als unheilbar Diagnostizierten; depressive, des Lebens müde gewordene Menschen, die wieder glücklich und lebensbejahend wurden; Atheisten, die zum lebendigen Glauben an Gott zurückfanden ...
Die Wunder, die im Roman Hans Sterneders „Der Wunderapostel" beschrieben werden, hatten für mich einen realen Bezug erhalten.

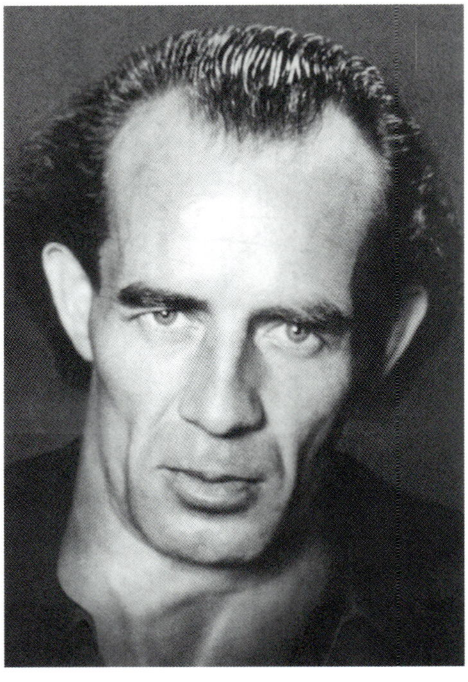

Wer aber ist nun Bruno Gröning?

1949 rückte sein Name über Nacht ins Schlaglicht der Öffentlichkeit.
Ein Elendsheer von Tausenden notleidenden Menschen aus dem In- und Ausland suchte Bruno Gröning im März dieses Jahres zum ersten Mal auf, nachdem in Herford die erste große Heilung bekannt geworden war. Weitere „Wunderheilungen", wie sie damals genannt wurden, folgten.
Bereits früh machten sich aber auch Gegenkräfte bemerkbar. Der nordrheinwestfälische Sozialminister ließ Bruno Gröning wegen Verstoßes gegen das Heilpraktikergesetz verfolgen. Er zog sich nach Süddeutschland zurück, wo der bayrische Ministerpräsident erklärte, daß man eine solch „exzeptionelle Erscheinung" nicht an Paragraphen scheitern lassen dürfe. Das bayrische Innenministerium bezeichnete seine Tätigkeit als „freie Liebestätigkeit".

Schließlich kam es im August 1949 auf dem Rosenheimer „Traberhof" zu Massenheilungen unvorstellbaren Ausmaßes. Bis zu 30 000 Menschen belagerten täglich diese Stätte. Biblische Szenen spielten sich ab: Blinde sahen, Taube hörten, Lahme gingen! Bruno Gröning war längst zum Gesprächsthema geworden. Presse, Funk und Wochenschau berichteten. Die Nachricht von seinen Wunderheilungen verbreitete sich weltweit. Von überall kamen Kranke, Bittbriefe und Angebote. Ein Kinofilm wurde gedreht, wissenschaftliche Untersuchungskommissionen einberufen. Ob Geistliche, Ärzte, Journalisten, Juristen, Politiker und Psychologen: man sprach über diesen Mann mit seinen außergewöhnlichen Fähigkeiten. Die einen sahen in ihm einen Gesandten Gottes, die anderen einen Scharlatan.

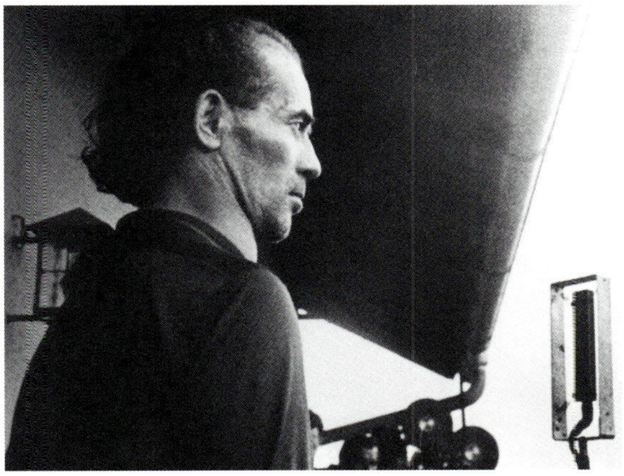

In seinen Vorträgen, die er später in örtlichen Gemeinschaften abhielt, rief er die Menschen immer wieder eindringlich dazu auf, sich von allem Bösen zu lösen und der Lehre Christi und den Geboten Gottes endlich zu folgen. Gott stellte er als den größten Arzt heraus und sagte, daß es kein „Unheilbar" gebe.

Er verlangte niemals Geld für sein Tun und verwies stets darauf, daß nicht er, sondern Gott die Menschen heile. Dank lehnte er deshalb ab.

Seine unmißverständlichen Worte und außergewöhnlichen Taten stießen mehr und mehr auch auf Unverständnis, Neid und Mißgunst. Einflußreiche Ärzte, Kirchenfunktionäre, Juristen und ehemalige Mitarbeiter, die nur Geld aus dem Phänomen Bruno Gröning herausschlagen wollten, setzten alles in Bewegung, um sein Wirken zu unterbinden. Regelrechte Hetzkampagnen wurden gestartet, Heilverbote verfolgten ihn, Prozesse wurden ihm angehängt.

Am 26. Januar 1959 starb Bruno Gröning an den Folgen dieser Machenschaften in Paris.

Doch er hatte bereits Jahre vorher geäußert: „Alle Menschen müssen sterben, ich auch. Den Körper wird man in die Erde legen, aber ich werde nicht tot sein. Wer mich rufen wird, für den werde ich dasein, und ich helfe weiter. Aber dann wird jeder aus sich die Hilfe und Heilung erleben." Die unzähligen Hilfe- und Heilungsberichte der letzten Jahrzehnte belegen in beeindruckender Weise, daß seine Worte keine leeren Worte waren. Mittlerweile gibt es weltweit viele Tausende Menschen in Gemeinschaften des Bruno Gröning-Freundeskreises, die sich nach seiner Lehre orientieren. Sogar eine medizinisch-wissenschaftliche Fachgruppe hat sich gebildet, der sich Ärzte, Heilpraktiker, Psychologen u.a. Kapazitäten angeschlossen haben. Außerdem besteht eine enge Zusammenarbeit mit dem „Dachverband Geistiges Heilen e.V." unter der Leitung von Dr. Harald Wiesendanger.

Aufgrund meiner Erlebnisse im Bruno Gröning-Freundeskreis bin ich mehr denn je davon überzeugt, daß Gott die Menschen nie verlassen hat, sondern uns immer wieder Helfer schickt, um uns auf den rechten Weg zu führen. Leider wurden sie meistens verkannt!

Die Bedeutung, die der Wunderapostel im Film für Beatus Klingohr hat, hat Bruno Gröning für mich in meinem Leben.

Und je länger ich damals über das Filmvorhaben nachdachte, desto wertvoller fand ich den Gedanken, einen Film mit diesem Thema zu drehen und gleichzeitig darauf hinweisen zu können, daß Hilfen und Heilungen auf geistigem Wege kein schönes Märchen, sondern erlebbare Realität sind.

Sicherlich wird es Stimmen geben, die sagen, daß dies doch alles nur „Bauernfängerei" sei und der Bruno Gröning-Freundeskreis von allem Anfang an durch diesen Film nur eine weitere Möglichkeit suchen will, um Menschen auf sich aufmerksam zu machen. Ich kann all denen, die so etwas behaupten, nur entgegnen, daß es nicht der Wahrheit entspricht; aber wer es nicht glauben will, wird es sowieso nicht tun. Mir ist es letzten Endes gleich, denn die Sache an sich ist mir viel zu wertvoll. Daß ich mich allerdings dazu verpflichtet fühle, darauf hinzuweisen, daß Hilfe und Heilung auf geistigem Wege möglich ist, obwohl ich weiß, daß so manch einer deshalb diesen Film ablehnen oder sogar Kampagnen dagegen starten wird, spricht doch eher für sich. Als Regisseur eines Filmes hat man doch keinen größeren Wunsch, als mit diesem ohne Komplikationen ein großes Publikum zu erreichen!

Von dem Wunsch getragen, das Filmprojekt so schnell wie möglich voranzutreiben, machte ich mich an die Arbeit. Ich hatte das große Glück, Charly Blöhm, langjährigen Kameramann beim WDR, kennenzulernen, der sich bereit erklärte, mir mit seinen Erfahrungen zur Seite zu stehen und beim Film auch als Kameramann zu fungieren. Durch ihn und seine Beziehungen ergaben sich für mich weitere wertvolle Kontakte. Unter anderem lernte ich Kurt Zeimert kennen, einen

„alten Hasen" der Filmbranche, der ebenfalls einige Jahre beim WDR als Produktionsleiter gearbeitet hatte. Bei ihm machte ich sozusagen ein Kurzpraktikum durch. Er erklärte mir den Aufbau eines Filmteams, die notwendigen Positionen, die zu besetzen sind, wie ein Drehbuch geschrieben wird u.v.a.m. Wenn ich heute darüber nachdenke, daß ich noch nicht einmal wußte, wie „Regisseur" geschrieben wird, ganz zu schweigen davon, welche Aufgaben er hat, so kann ich Kurt Zeimert nur dankbar sein, daß er mich überhaupt ernst genommen hat.
Glücklicherweise konnten noch zwei weitere Profis für den Film gewonnen werden, ohne die es wohl nicht zur Realisierung des Ganzen hätte kommen können. Zum einen war es Ernst Küsters, Oberbeleuchter beim WDR, der uns bei besonders aufwendigen Szenen unterstützte und ansonsten ebenfalls beratend zur Seite stand, und Akim Klinger, ebenfalls Kameramann beim WDR, der im Verlaufe der Dreharbeiten als weiterer Kameramann eine sehr wichtige Position einnahm.
Um dieses Gerüst von Profis suchte ich dann nach geeigneten, lernfähigen Personen, die wie ich bereit waren, unentgeltlich für diese Sache zu arbeiten und ihre komplette Freizeit zur Verfügung zu stellen. Natürlich lag es für mich nahe, sie im Bruno Gröning-Freundeskreis zu suchen. Schon nach kurzer Zeit wurde ich fündig. Waren es auch noch so verschiedene Charaktere, so verband uns alle doch eines: noch nie in der Filmbranche gearbeitet zu haben – aber auch der unerschütterliche Glaube an unser Ziel.
Vor allem mein langjähriger Freund Hans Georg Leiendecker half mir, wo er nur konnte, und wurde die wichtigste Person an meiner Seite. Wir fuhren Tausende von Kilometern zusammen, um geeignete Drehorte zu finden, suchten fähige Laiendarsteller, um alle Rollen zu besetzen, besprachen das Drehbuch, koordinierten den Drehplan usw.
Nicht weniger wichtig für mich wurde ein weiterer meiner Freunde, Wilfried Venedey, der die gesamte technische Leitung und später die Produktionsleitung übernahm.
Trotz all dieser Personen mußte ich viel Lehrgeld zahlen, was aufgrund meiner Unerfahrenheit nur zu verständlich war. Aber es ging stetig aufwärts, Stück um Stück kam Klarheit in die Sache.
Als dann endlich die erste Klappe fiel, konnten alle Beteiligten es kaum glauben. Es grenzt für mich schon fast an ein Wunder, daß unsere Profis im Filmteam sich über die weiteren Beteiligten und ihre Arbeit sehr positiv äußerten und sie als profihaft bezeichneten. Sicherlich war es ein beschwerlicher Weg bis dahin, ein Weg, der manches Mal kein Ende zu nehmen schien, ein Weg, der alles von uns abverlangte, doch die Vorfreude auf das zu erreichende Ziel überwog. So manch einer wuchs über sich hinaus, beflügelt von den ersten erfolgreichen Dreharbeiten. Immer wieder höre ich die Worte des mittlerweile verstorbenen Kurt Zeimert in mir, die er mir einmal sagte: „So etwas wie euch habe ich noch nie erlebt, davon

habe ich immer geträumt, einmal mit so einem Idealismus einen Film zu drehen. Trotz all meiner Bedenken glaube ich dennoch, daß ihr es schaffen werdet, denn ihr seid mit dem ganzen Herzen dabei, und das ist auch beim Film immer noch das Wichtigste!"

Thomas Busse

Kurt Zeimert

Lebenslauf von Hans Sterneder

Autor der Romane

„Der Sonnenbruder" und „Der Wunderapostel"

Hans Sterneder wurde am 7. Februar 1889 als unehelicher Sohn eines Gutsbesitzers in Eggendorf/Niederösterreich geboren. In der Nähe des Benediktinerstifts Göttweig wuchs er auf. Er erlebte trotz der äußerst ärmlichen Verhältnisse der dörflichen Umgebung eine glückliche Kindheit.

Mit zehn Jahren wurde er in das reiche Haus seines Großvaters gestellt und von ihm in die Welt der Kunst und Wissenschaft eingeführt. Er besuchte das Gymnasium. Der plötzliche Tod seiner Großeltern, ein anhaltender Börsenkrach und familiäre Widrigkeiten am Besitz des Großvaters führten jedoch zum wirtschaftlichen Ruin. Sterneder verarmte durch diese Schicksalsschläge wieder und entschloß sich in seiner Verzweiflung, als Wanderbursche umherzuziehen. Zwischen 1910 und 1912 wanderte er durch Europa.

Später war er zunächst als Bahnbeamter tätig, folgte dann aber dem Rat des Dichters Richard Voß und erlernte den Beruf des Volksschullehrers. Voß erkannte in ihm das schriftstellerische Talent. Sterneder studierte und wurde Lehrer in niederösterreichischen Gebirgsdörfern.

Sein erstes Buch schrieb er 1921: „Der Bettelstudent". Es erschien wie alle nachfolgenden Werke im Verlag L. Staackmann, der mehrere österreichische Dichter verlegte, u.a. Peter Rosegger.

In seinem zweiten Buch „Der Sonnenbruder" beschrieb Sterneder die Erlebnisse seiner Wanderjahre. Die damalige Kritik sprach vom „besten Landstreicherroman der Gegenwart", hob vor allem die Gewalt, die Tiefe und Schönheit seiner Naturschilderungen hervor. Der Nachfolgeroman „Der Wunderapostel" machte ihn dann zur anerkannten, hochgeschätzten Künstlerpersönlichkeit. Dieses Buch führte auch zu einem Wandel seines schriftstellerischen Selbstverständnisses. In einem Rundfunkinterview erklärte er:

„Mit diesem Buch ist dann die Wende in meinem Leben eingetreten. Bis dahin war ich ein unbefangener Schriftsteller. Ich habe – um das Wort zu gebrauchen – fabuliert. Dann aber habe ich mich einer anderen Art der Dichtkunst zugewandt:

nämlich daß Dichtung erfüllt sein sollte mit kosmisch-biologischem Lebenserkennen, denn meiner Empfindung nach ist Kunst, und wenn sie noch so edel und noch so erhaben und sittlich, noch so hoch ist, wohl eine unsägliche Beglükkung für den Menschen, sie ist aber nicht das Letzte, was Kunst geben sollte, denn Kunst sollte, so wie das in den Frühzeiten der Menschheit war, eigentlich dem Sakralen dienen. Sie sollte nicht nur entzücken, ergötzen, beglücken, sondern sie sollte auch Erkennen geben. Und da das höchste und letzte Erkennen der Menschheit nur das Erkennen sein kann um den Sinn des Lebens, so habe ich mich vom Wunderapostel an schon bemüht bis zum heutigen Tag und werde das immer tun: Kunst mit Erkennen zu vermählen und zu vereinen ..., die Kunst als edles Gefäß benützen, das ich mit dem Wein kosmo-biologischer Erkenntnis gefüllt habe."

Durch eine vorzeitige Ehrenpensionierung gab man Hans Sterneder die Möglichkeit, sich ganz seinem künstlerischem Schaffen zu widmen. Dies wurde ihm aber von den Nazis untersagt. Sieben Jahre, von 1938 an, waren seine Bücher in ganz Großdeutschland verboten. Er landete sogar im Kerker. Zu allem Unglück wurde im Jahre 1944 auch noch der Verlag L. Staackmann durch einen Bombenangriff völlig zerstört und damit das Lebenswerk Sterneders.

Er mußte sich nach dem Krieg wieder eine ganz neue Existenz aufbauen, was eine gewisse Zeit beanspruchte, da er durch die Folgen seiner Gefangenschaft gesundheitlich sehr geschwächt war.

1950 siedelte er nach Bregenz am Bodensee um und veröffentlichte von da an im Hermann Bauer Verlag, Freiburg i. Brsg. Noch heute sind seine Bücher „Der Sonnenbruder" und „Der Wunderapostel" in diesem Verlag erhältlich.

Zu seinen herausragenden Werken, außer den gerade genannten, gehören u.a. „Der Sang des Ewigen"; „Die Zwei und ihr Gestirn", ein Roman, der die Gesetze der Unsterblichkeit und des Karmas behandelt; „Also spricht die Cheops-Pyramide"; „Die große Verwandlung", ein Mysterienspiel über den Einweihungsweg; „Der Edlen Not", eine Vision um die Figuren des Naumburger Domes; „Die Neugeburt der Ehe" und „Tierkreisgeheimnis und Menschenleben", ein Buch über den kosmischen Entwicklungsweg allen Lebens.

Am 24. März 1981 starb Hans Sterneder im Alter von 92 Jahren in Bregenz.

Zu seinen Lebzeiten begegnete er auch Bruno Gröning. Er hatte ihn aufgesucht, da seine Frau sehr erkrankt war. Beide verband gleich eine innige Freundschaft. Eine Zeitzeugin, die damals zugegen war, als sich die beiden Männer zum ersten Mal trafen, hatte den Eindruck, daß sich Sterneder und Gröning kennen würden. Es sei ihr wie ein Erkennen, ein Wiedersehen vorgekommen.

Obwohl er sein Buch „Der Wunderapostel" viele Jahre vor dieser Begegnung schrieb, ist auffällig, wie sehr sich die Aussagen in seinem Roman mit den Lebensweisheiten Bruno Grönings decken.

Hans Sterneder und Bruno Gröning

Die Hauptdarsteller

Thomas Busse als Wunderapostel

Thomas Eich als Beatus Klingohr

Frank Rogowski als Heinrich Truckenbrodt

Birgit Häusler als Fürstin Uta

Eberhard Jansen als Bischof

Das Drehbuch

Der einsame Walzbruder

Dies ist mein Vermächtnis an die Menschheit. Die Geschichte, die ich nun erzähle, habe ich selbst erlebt. Viele Jahre sind seitdem vergangen, doch ich erinnere mich noch sehr genau an alles.

Damals trieb mich ein harter Schicksalsschlag auf die Landstraße. Mein Leben schien zerstört.

Ich haderte mit Gott. War Er nicht nur ein Traum, ein Trugbild menschlicher Phantasie? Wo war Er nur, wenn man Ihn brauchte?

Immer wieder grübelte ich. Fragen, doch keine Antworten. Suchen, doch kein Finden. Hoffnungslosigkeit quälte mein Herz. Der Sinn des Lebens war mir verlorengegangen.

So zog ich durch die Welt – jeder Schritt führte mich immer mehr ins Ungewisse. Die Einsamkeit war mein ständiger Begleiter geworden. Ja, ich war heimatlos und auf der Flucht vor meiner Vergangenheit, die mich jedoch stets wieder einzuholen vermochte.

Ich konnte einfach nicht vergessen, was geschehen war. Warum mußte alles nur so kommen? Warum mußte alles nur so enden? Immer wieder zermarterten mir diese Fragen mein Hirn. Doch sie verhallten lautlos.

Mein Schicksal schien besiegelt zu sein. Und dennoch, nach langer, zielloser Wanderschaft wuchs in mir eine kleine Flamme der Hoffnung.

Ein alter Schäfer hatte mir von einem geheimnisvollen Mann erzählt, dem man wundersame Dinge nachsagte.

Vielen Menschen sollte er schon durch seine besonderen Kräfte geholfen haben. Heilungen wären angeblich sogar in seiner Nähe geschehen. Es fiel mir schwer, so etwas zu glauben.

Doch wer immer er auch war, ich wollte ihn finden!

Auf dem Jahrmarkt

Drei junge Männer stehen an eine Hausmauer gelehnt und unterhalten sich. Beatus kommt auf sie zu.

Erster junger Mann: Endlich wieder was los in unserer Stadt. Von mir aus könnte das ganze Jahr über Jahrmarkt sein.

Zweiter junger Mann: Ach, hör doch auf! Der Jahrmarkt ist doch gar nicht wichtig für dich, du schielst doch nur den Frauen hinterher. – *Gelächter* –

Dritter junger Mann: He, guckt euch den lumpigen Landstreicher an. Daß so Leute überhaupt frei herumlaufen dürfen.

Der Mann stellt sich Beatus in den Weg.

He, Penner! Du bist hier unerwünscht. Wir wollen keine dreckigen Herumtreiber hier! Hau ab!

Zweiter junger Mann: Verpiß dich! Hier wohnen anständige Leute.

Dritter junger Mann: Ja, genau. Hey, verschwinde! Faulenzer haben hier nichts zu suchen.

Beatus: Was soll das? Laßt mich in Ruhe. Ich hab' euch doch nichts getan.

Beatus wird von ihnen hin und her geschubst, bis er hinfällt.

Dritter junger Mann: Im Dreck fühlst du dich sicher am wohlsten, oder?

Erster junger Mann: Jetzt sieht er aus wie 'ne graue Ratte.

Eine junge Frau eilt Beatus zu Hilfe.

Junge Frau: Laßt den armen Mann doch endlich in Ruhe! Schämt ihr euch denn gar nicht? Ihr scheint wohl ganz von Sinnen zu sein.

Erster junger Mann: Karl, deine Schwester spielt wieder den Moralapostel.

Junge Frau: Du Mistkerl, hast zwar ein großes Maul, aber wenn du alleine bist, machst du die Hosen voll. Haut endlich ab! Ich kann euch nicht mehr sehen.

Erster junger Mann: Kommt, laßt uns gehen, die ist vollkommen durchgedreht.

Dritter junger Mann: Karl, mir tut jetzt schon der Mann leid, der deine Schwester kriegt. Die hat ja Haare auf den Zähnen.

Junge Frau zu Beatus: Tut's sehr weh?

Beatus: Nein, es geht schon.

Junge Frau: Ich rate dir, nicht lange hierzubleiben. Wenn die dich nochmal erwischen, könnt's schlimmer für dich ausgehen.

Beatus: Ich will auch gar nicht lange hierbleiben. Ich bin seit einigen Tagen auf der Suche nach einem Walzbruder, den man den Wunderapostel nennt. Weißt du vielleicht, wo ich ihn finden kann?

Junge Frau: Tut mir leid, den Namen habe ich noch nie gehört. Aber auf dem Jahrmarkt gibt es eine Wahrsagerin, vielleicht kann die dir helfen.

Beatus: Meinst du?

Junge Frau: Warum nicht? Komm, ich führ' dich zu ihr hin.
Schau, da drüben ist das Zelt!

Sprecher: Mein Weg führte mich also in das Zelt einer Wahrsagerin, die mich auf eine lange Reise nach Straßburg schickte. Sie behauptete, ich würde den Wunderapostel dort finden, und sie sagte es mit einer solchen Bestimmtheit, daß ich ihr Glauben schenkte. Was sollte ich auch sonst machen, einen anderen Anhaltspunkt hatte ich nicht. Es gab nichts zu verlieren.

Sensationen

Begegnung mit Heinrich Truckenbrodt

Sprecher: So begab ich mich voller Hoffnung nach Straßburg. Auf dem Weg dorthin traf ich einige Walzbrüder. Ihre Art zu leben war schon etwas Besonderes.
Nach drei Jahren meiner Wanderschaft fühlte ich mich ein wenig zu ihnen gehörig. Ich muß ehrlich gestehen, daß das Leben als Walzbruder auch seine schönen Seiten hatte.
Einer der Walzbrüder entschloß sich, mir bei der Suche nach dem Wunderapostel zu helfen. Sein Name war Heinrich Truckenbrodt.

Die Suche nach dem Wunderapostel in Straßburg

Sprecher: Nach einigen Wochen erreichten wir schließlich Straßburg. Wir machten uns vom ersten Tag an auf die Suche nach einem Zeichen vom Wunderapostel. Doch so sehr wir uns auch bemühten – leider ohne Erfolg. Es wurden Tage einer beschwerlichen Suche.

Heinrich: Beatus, es ist mittlerweile dunkel geworden. Ich frage mich, ob es sich überhaupt noch lohnt, weiter nach dem Zinken des Wunderapostels zu suchen! Weißt du, wir suchen nun schon drei Tage danach und haben noch nicht eine einzige Spur von ihm gefunden.

Beatus: Vielleicht hast du recht, Heinrich. Aber laß uns wenigstens morgen noch im Osten der Stadt weiter danach suchen. Vielleicht haben wir dort ja mehr Glück. Geh du nur schon vor zur Herberge. Ich suche noch etwas weiter.

Heinrich: Ist gut, ich halt' dir einen Platz frei und kümmer' mich ums Essen.

Heinrich geht, Beatus schaut hoch zum nächtlichen Himmel.

Beatus: O Gott, wenn es Dich wirklich gibt, dann laß mich den Wunderapostel finden!

Das Ende der Suche

Sprecher: Wir versuchten noch einige Tage, irgendeinen Hinweis auf den Wunderapostel zu erhalten. Heinrich hatte von sich aus eigentlich gar kein Interesse, ihm zu begegnen. Dennoch half er mir die ganze Zeit weiter, ihn vielleicht doch noch zu finden. Und das, obwohl ich ihm nichts von meiner Vergangenheit erzählt hatte. So konnte er natürlich nicht wissen, wie bedeutsam mir das alles war. Ich schwieg. Ich konnte einfach nicht anders. Wenn wir doch wenigstens ein Zeichen von ihm auf irgendeiner Mauer gefunden hätten! Jeder Walzbruder hat seinen bestimmten Zinken, der erkennen läßt, wohin sein Weg ihn führt. Doch all unsere Bemühungen waren umsonst. Wir fanden nichts und gaben die Suche endgültig auf.

Beatus und Heinrich sitzen völlig erschöpft und enttäuscht unter einem Torbogen.

Heinrich: Und was sollen wir jetzt tun?

Beatus: Dich zog's doch nach Paris, oder?

Heinrich: Ja, den Winter über wollte ich dort arbeiten und diese große, fremde Stadt kennenlernen, von der die Leute sagen, daß sie wunderschön sei.

Beatus: Heinrich, wenn es dir recht ist, gehe ich mit.

Heinrich: Du willst wirklich mit?

Beatus: Ja, es ist ja doch sinnlos, noch weiterzusuchen.

Auf dem Weg nach Paris

Sprecher: Der Herbst mit seinen herrlichen Farben überzog mittlerweile das ganze Land. Die Schönheit der Natur war meine einzige Freude geblieben.

Heinrich: Ich bin so froh, daß wir gemeinsam nach Paris gehen, dann ist man nicht so allein.

Beatus: Das stimmt. Einsamkeit ist etwas Schreckliches.

In der Ferne schlägt ein Bauer brutal auf sein Pferd ein.

Mann: Vorwärts, vorwärts. Lauf, du fauler Gaul, du. Dir werd' ich Beine

machen. Los, lauf! Sonst schlag' ich dich kaputt, du Mistvieh.

Heinrich: Komm, den packen wir uns!

Die beiden laufen zum Bauern und zerren ihn von seinem Karren.

Mann: He, was soll das? Seid ihr verrückt? Was mischt ihr euch hier ein?

Heinrich zu Beatus: Halt ihn fest, halt ihn fest.

Zum Mann: Du schlägst das Pferd nicht mehr!

Mann: Laßt mich in Ruhe, ihr elenden Hunde!

Heinrich: Schnell, Beatus, mach das Pferd los, schnell!

Beatus: Ja, ja!

Mann: Was – das könnt ihr doch nicht tun, ihr Gauner, was fällt euch ein, ihr miesen Halunken!

Heinrich: Ich sehe hier nur einen Halunken, und das bist du! Das war das letzte Mal, daß Du ein Pferd so gequält hast.

Zu Beatus: Beeil dich, Beatus.

Mann: Was?! Das ist mein Gaul, mit dem kann ich machen, was ich will!

Heinrich: Das kannst du nicht!

Heinrich überwältigt den Bauern, Beatus befreit das Pferd, das sofort davonläuft.

Beatus: Ich wünsch' dir einen besseren Herrn. Lauf zu!

Heinrich schlägt den Bauern nieder.

Heinrich: Komm, wir verschwinden, bevor dieser miese Kerl wieder zu Kräften kommt.

Der Bauer erholt sich schnell und schreit den beiden hinterher.

Mann: Ihr Gesindel, ihr Lumpenpack, der Teufel soll euch holen!

Das Geständnis

Beatus und Heinrich sitzen am Lagerfeuer.

Heinrich: Hast du auch so einen Hunger, Beatus?

Beatus: Natürlich habe ich auch Hunger. Wir haben ja seit Wochen nichts Richtiges mehr zu essen bekommen. Aber ich hab' noch ein Stück Brot übrigbehalten. Hier, nimm!

Heinrich: Danke.

Beatus: Einsame Gegend. Wer weiß, wie weit wir noch von der nächsten Ortschaft entfernt sind.

Heinrich: Hoffentlich erreichen wir morgen eine. Ich halte es vor Hunger jetzt schon kaum mehr aus.

Beatus: Du, Heinrich, ich muß dir etwas gestehen.

Heinrich: Was denn?

Beatus: Ich habe noch nie, seitdem ich auf Wanderschaft bin, um etwas zu essen gebettelt, sondern mir immer durch ehrliche Arbeit etwas erworben.

Heinrich: Du bist mir aber ein feiner Herr. Man merkt, daß du noch nicht lange umherziehst. Weißt du, manchmal findet man keine Arbeit, und was ist dann? Soll man etwa verhungern, nur weil man seinen Stolz nicht überwinden kann zu betteln? Das wäre ja wohl Dummheit!
Na, laß das mal meine Sorge sein. Das Wichtigste ist erst mal, ein paar gutherzige Leute zu finden.

Beatus: Ja, du hast recht.

Heinrich: Komm, wir legen uns schlafen. Vielleicht spüren wir dann den Hunger nicht so.

Verzweifelte Suche nach einem Dorf

Sprecher: Die schöne Seite des Herbstes war mittlerweile vergangen. Es war kalt, naß, und nur noch schwerfällig kamen wir voran. Wir hielten es vor Hunger kaum noch aus.
Ich hätte nie gedacht, daß Hunger so schmerzhaft sein kann!

Die Bettler

Beatus und Heinrich erreichen nach langer Suche endlich ein Dorf. Heinrich klopft gleich an die erste Türe.

Heinrich: Um Christi Barmherzigkeit willen bitte ich um ein Stück Brot!

Eine Frau öffnet unwillig die Türe.

Frau: Wir haben selbst kein Brot. Schert euch davon!

Mann aus dem Hintergrund: Schon wieder Bettler. Elendes Gesindel!

Sie schlägt die Tür wieder zu. Heinrich versucht es bei einem anderen Haus.

Heinrich: Um Christi Barmherzigkeit willen bitte ich um ein Stück Brot!

Da nichts geschieht, fleht er lauter um Hilfe.

Um Christi Barmherzigkeit willen, im Namen Gottes, bitte ich um ein Stück Brot! Bitte!

Langsam öffnet sich die Tür. Ein wohlhabender Gutsherr schaut Heinrich und Beatus abfällig an.

Mann: Was wollt ihr zwei Landstreicher?

Heinrich: Wir haben seit Tagen nichts mehr zu essen gehabt und bitten daher um ein Stück Brot.

Mann: Dann müßt ihr eben hungern, das geht allen Leuten so, die nicht arbeiten wollen.

Heinrich: Aber Herr, bedenkt doch unsere Lage und das schlechte Wetter noch dazu!

Mann: Was geht mich das schlechte Wetter an? Bleibt daheim wie andere ordentliche Leute auch, anstatt hier so herumzulungern, ihr faules Pack!

Der Mann wendet sich ab, um wieder ins Haus zu gehen. Heinrich ruft ihm verzweifelt hinterher.

Heinrich: Ich kann nicht glauben, daß Ihr uns so wieder fortschickt. Habt doch ein Herz, sonst verhungern wir!

Der Mann packt Heinrich und wirft ihn wütend in den Morast.

Mann: Jetzt reicht's aber! Macht, daß ihr hier wegkommt, ihr elenden Taugenichtse! Laßt euch hier ja nicht mehr blicken.

Beatus eilt Heinrich zu Hilfe. Der Mann verschließt die Tür hinter sich.

Beatus: Komm, Heinrich, verlier kein Wort mehr, ist doch sinnlos. Laß uns gehen.

Heinrich schreit dem Mann wütend hinterher.

Heinrich: Sie Teufelsbraten, Sie hartherziger, roher; fressen Sie sich selber auf! Sie Geizhals, Sie elender Geizhals! Geizhals!

Beatus: Laß es gut sein, Heinrich. Komm!

Heinrich: Soll er doch verrecken!

Beatus: Da ist noch ein Haus, vielleicht haben wir dort mehr Glück.

Plötzlich entdeckt Heinrich im Morast einige Äpfel.

Heinrich: Beatus, sind das da unten nicht Äpfel? Es sind wirklich welche, etwas zu essen!

Heinrich verschlingt gierig einige Äpfel.

Sie sind faul und alt, aber immerhin etwas Eßbares, besser als zu verhungern!

Beatus: Wir sind doch keine Schweine. Das Vieh behandelt man ja besser als uns!

Beatus ist so sehr betroffen, daß er sich entschließt, beim letzten Haus um Hilfe zu bitten. Eine Frau öffnet ihm.

Ein armer Reisender bittet um Christi Barmherzigkeit willen um einen Bissen Brot!

Frau: Ihr habt wohl lange nichts mehr zu essen gehabt. Ihr seht ja halb verhungert aus. Warte einen Moment, ich bin gleich wieder da!

Heinrich kommt Beatus ganz überrascht entgegen.

Heinrich: Du hast zum ersten Mal gebettelt?

Beatus: Ja, ich konnt' dich nicht länger im Dreck rumwühlen sehen.

Heinrich: Du hast es für mich getan?

Beatus nickt. Heinrich ist sichtlich bewegt. Währenddessen kommt die Frau mit etwas Eßbarem wieder.

Frau: Es ist nicht viel, was ich euch geben kann. Aber vielleicht hilft es euch ein wenig weiter.

Beatus: Habt Dank, gute Frau.

Aus dem Hintergrund des Hauses kommt nun auch ihr Ehemann.

Mann: Wenn ihr wollt, dann könnt ihr gerne bei uns übernachten. Ihr habt doch sicherlich schon lange kein warmes Bett mehr gesehen.

Heinrich: Danke, aber wir müssen weiterziehen. Wir wollen vor Wintereinbruch noch Paris erreichen.

Mann: Überlegt es euch gut, denn dieses Jahr wird es einen besonders harten Winter geben. Hoffentlich schafft ihr es!

Beatus: Wir müssen es schaffen. Und nochmals vielen Dank für alles, Ihr habt uns einen großen Dienst erwiesen.

Heinrich: Gott möge es euch lohnen!

Die Frau und ihr Mann schauen den beiden Walzbrüdern nachdenklich hinterher.

Mann: Sie haben noch einen weiten Weg vor sich. Der Herr möge sie schützen.

Kampf auf Leben und Tod

Sprecher: Obwohl wir uns redlich mühten, schnell voranzukommen, wurden wir dennoch frühzeitig vom ersten Schnee überrascht. Die reizvollen Bilder einer Winterlandschaft hatten mich in früheren Jahren stets erfreut, doch für uns war der Schnee nun eine tödliche Gefahr. Unser Wandern war nunmehr ein wortloses und dumpfes Sich-vorwärts-Kämpfen, und unser Zustand verschlechterte sich immer mehr. Vor allem Heinrich hatte es erwischt. Er hatte seit Tagen starkes Fieber. Jeder Schritt war für ihn eine Qual.

Und wieder nagte dieser quälende Hunger in unseren Bäuchen. Doch was sollten wir tun?
Es gab nur eines: durchhalten! Durchhalten bis zur nächsten Ortschaft, durchhalten bis Paris!

Heinrich: Beatus! Beatus! Ich kann nicht mehr, ich bin am Ende meiner Kräfte. Und ich will auch nicht mehr; laß mich zurück, ich halt' dich nur auf.

Heinrich sinkt auf die Knie.

Beatus: Ich lass' dich doch nicht im Stich, Heinrich! Und wenn ich selbst dabei zugrunde gehe.

Heinrich: Beatus, mein lieber Beatus, es hat doch keinen Sinn. Und ich bin daran schuld, daß du auch diesen verdammten Weg nach Paris mitgegangen bist.

Beatus: Hör auf, so zu reden. Ich kam freiwillig mit, dich trifft keine Schuld. Komm, ich werd' dich ein Stück tragen.

Heinrich: Du hast doch selbst keine Kraft mehr. Rette dich lieber und geh weiter! Alleine schaffst du es vielleicht noch.

Beatus: Ich hab' doch gesagt, ich lass' dich nicht im Stich; hör endlich auf damit. Nun komm schon!

Gebet und Rettung

Heinrich: Wie weit, meinst du, Beatus, haben wir es noch bis Paris?

Beatus: Wohl an die zehn Tage noch, schätze ich.

Heinrich bekommt einen Hustenanfall.

Heinrich: Es scheint mit mir zu Ende zu gehen!

Beatus: Nein, Heinrich, du darfst nicht sterben, bitte nicht!

Heinrich: Ob Gott uns denn ganz vergessen, ganz verlassen hat? – Kennst du nicht die Zeilen vom Dichter Paul Gerhard „Hoff, o du arme Seele"?

Beatus: Ja, ich kenne sie.

Heinrich: Bitte, Beatus, sei so gut und sage sie mir.

Beatus: Hoff, o du arme Seele und sei unverzagt! Gott wird dich aus der Höhle, da dich der Kummer plagt, mit großen Gnaden rücken, erwarte nur die Zeit, so wirst du schon erblicken die Sonn' der schönsten Freud'.

Auf, auf, gib allem Schmerze und Sorgen gute Nacht; laß fahren, was dein Herze betrübt und traurig macht. Ihn, Ihn laß tun und walten, Er ist ein weiser Fürst und wird sich so verhalten, daß du dich wundern wirst, wenn Er, wie Ihm gebühret, mit wunderbarem Rat das Werk hinausgeführet, das dich bekümmert hat.
Er wird dein Herze lösen von der so schweren Last, die du zu keinem Bösen bisher getragen hast.

Heinrich: Amen! Hab Dank, Beatus, für deine große Freundschaft, lebe wohl!

Heinrich schließt die Augen, bleibt bewegungslos liegen.

Beatus: Nein, Heinrich, stirb nicht! Bitte, stirb nicht!

Beatus weint. Plötzlich hört er aus der Ferne ein Geräusch. Er traut seinen Augen nicht!

Beatus: Heinrich, Heinrich, von da hinten kommt ein Planwagen direkt auf uns zu. Wir sind gerettet, du brauchst nicht zu sterben. Heinrich!

Sprecher: Was hatten wir für ein unbeschreibliches Glück. In höchster Not wurde uns doch noch Hilfe zuteil. Mein lieber Freund Heinrich überlebte. Zigeuner nahmen sich unserer an und brachten uns wieder zu neuen Kräften.
Ich fragte mich damals, ob sich tatsächlich eine höhere Macht unserer erbarmt hatte. Gab es wirklich so etwas wie eine göttliche Fügung?
Wie auch immer, wir konnten uns schon bald wieder auf den Weg nach Paris machen.
Aber wir sollten unser Ziel dennoch niemals erreichen. Nur noch einen Tagesmarsch von Paris entfernt, wurden wir von französischen Patrouillegendarmen festgenommen und unter dem Verdacht, Spione zu sein, abgeführt.
Obwohl sich der Verdacht nicht bestätigte, verwies man uns des Landes. Man sperrte uns wie Tiere in einen Waggon.
Völlig niedergeschlagen wurden wir dann nach Österreich abgeschoben. Am liebsten hätte ich vor Wut und Verzweiflung geschrien über die Ungerechtigkeit der Welt.
In Österreich verbrachten wir dann mit einigen anderen Walzbrüdern den Heiligen Abend.
Nachdem Heinrich und ich die Wintermonate in Österreich blieben, trennten wir uns voneinander, wie es bei Walzbrüdern so üblich ist.
Zum Sommeranfang wollten wir uns in Rothenburg wiedersehen.

In der Abgeschiedenheit der Berge

Sprecher: Ich zog mich im Frühjahr in die Berge zurück, genauer gesagt führte mich mein Weg in das wunderschöne Dachsteingebirge. In der unberührten Natur schöpfte ich neue Kraft und Lebensmut.

Das Lichtkreuz

Sprecher: Die Wochen vergingen wie im Flug. In der Schönheit der Natur, diesem menschenentrückten Paradies, wäre ich am liebsten immer geblieben. Doch eines Tages geschah etwas sehr Merkwürdiges, ja ich kann sagen, etwas Unglaubliches.

Beatus hat eine Vision. Im Felsmassiv des Bergs entsteht plötzlich ein leuchtendes Kreuz. Er ist fassungslos.

Beatus: Was geschieht dort?

Sprecher: An diesem Abend konnte

ich lange nicht einschlafen. Je mehr ich über das Gesehene nachdachte, desto unerklärlicher wurde alles für mich. Und was mir ebenfalls unerklärlich blieb, war die Tatsache, daß ich seit der Erscheinung des leuchtenden Kreuzes wieder den brennenden Wunsch in mir spürte, den Wunderapostel zu finden.

Erneute Suche nach dem Wunderapostel

Sprecher: Obwohl ich nicht die geringste Ahnung hatte, wo ich die Suche nach ihm noch einmal aufnehmen sollte, ließ mich dieser Wunsch einfach nicht mehr los. Es war mir, als würde eine Stimme zu mir sprechen: „Suche ihn!"
Ich muß sagen, es fiel mir nicht leicht, den Schritt wieder hinaus in die Welt zu tun. Die Wochen unbeschwerten Daseins hatten mir viel gegeben. Doch die brennende Sehnsucht, den Wunderapostel zu finden, siegte.

Die geheimnisvolle alte Frau

Beatus erreicht ein Dorf. Dabei kommt er an einem Haus vorbei, vor dem eine alte Frau sitzt.

Alte Frau: Ist wohl ein feines Vergnügen, bei diesem herrlichen Wetter herumzulaufen, stimmt's?

Beatus: O ja, da habt Ihr recht!

Alte Frau: Komm einmal näher, ich hab' etwas Gutes für dich. Setz dich nieder und warte einen Moment.

Beatus setzt sich zu der alten Frau. Sie holt ihm etwas Kühles zu trinken.

Ich glaube, das ist jetzt das richtige für dich.

Beatus: Vielen Dank!

Er trinkt genüßlich.

Das tut gut!

Alte Frau: Ja, ja, aufs Genießen kommt's im Leben an. Ist es nicht herrlich, was uns der Herrgott in Seiner Güte gibt?
Sollten wir Ihm da nicht viel dankbarer sein?

Beatus: Das ist wahr, aber manchmal macht es das Leben einem sehr, sehr schwer, noch dankbar zu sein und an Seine Güte zu glauben.

Alte Frau: So laß es manchmal hart sein, das Leben; sicherlich verbirgt sich dahinter ein tiefer Sinn. Jedes Leid vergeht irgendwann, glaube mir, man darf nur nicht den Kopf hängenlassen und vor lauter Not und Elend die Augen vor dem Guten verschliessen. Wer das Gute sucht, der wird es auch finden.

Beatus: Es hört sich alles so leicht an, wie Ihr das sagt.

Alte Frau: Mag sein, aber es ist die Wahrheit. Man muß dem Herrgott nur vertrauen. Dann wird man erleben, daß Er ein barmherziger Vater ist.

Beatus: Es wäre schön, wenn man immer daran glauben könnte.

Alte Frau: Wünsch es dir doch!

Beatus: Warum nicht? Wünschen kann ich es mir ja.

Alte Frau: Ist schon recht so.
Komm einmal näher heran, ich möchte dir etwas anvertrauen. Heut ist ein Glückstag für dich!

Beatus: Ein Glückstag?

Alte Frau: Ja, wenn du hier diesen Weg immer weiter entlang den Hügel hinaufgehst, kommst du an einen geheimnisvollen Ort mit einem alten Wegkreuz. Dieser Ort steht unter dem Schutz ganz besonderer Mächte. Geh dort hinauf, und leg dich recht andächtig dort hin, das wird dir Glück bringen!

Beatus steht auf, um weiterzuziehen.

Beatus: Auch wenn's mir schwerfällt, so etwas zu glauben, ich geh' mal hin, schaden kann's ja nicht.

Alte Frau: Wirst schon sehen, es wird dir Glück bringen!

Beatus: Na denn, alles Gute, liebe Frau, und nochmals vielen Dank!

Alte Frau: Lebe wohl! Und denke immer daran: Liebe das Leben, und vertraue dem Herrgott!

Beatus: Ich werd' mich bemühen.

Die Begegnung

Beatus liegt unter dem Wegkreuz.

Beatus: Ein Glückstag soll heute sein. Was die gute Frau so alles erzählt hat ... Na ja, Glück könnt' ich ja gebrauchen.

Plötzlich hört er Schritte auf sich zukommen.

Bei Gott, das muß der Wunderapostel sein!

Er steht auf und spricht den Wunderapostel erwartungsvoll an.

Entschuldigt, darf ich Euch fragen, wer Ihr seid? Ich bin nämlich auf der Suche nach einem Walzbruder, den man den Wunderapostel nennt.

Der Wunderapostel schaut Beatus tief in die Augen.

Wunderapostel: Dann hat deine Suche ein Ende genommen! Sei mir gegrüßt.

Sprecher: Ich wußte nicht, wie die alte Frau darauf gekommen war, daß

dieser Tag ein Glückstag für mich werden sollte, aber eines spürte ich damals: Sie hatte recht gehabt. Und was war es für ein herrlicher Zufall, als ich vom Wunderapostel erfuhr, daß er sich auf dem Weg nach Rothenburg befand, also die Stadt, in der ich mich mit Heinrich verabredet hatte.

Heinrich in Rothenburg

Während seines Aufenthaltes in Rothenburg verweilt Heinrich in einem Wirtshaus.

Heinrich: Ich möchte gern zahlen.

Wirt: Macht 'nen Groschen. Danke schön.

Heinrich: Würdet Ihr mir einen Gefallen tun?

Wirt: Worum geht's denn?

Heinrich: Falls in den nächsten Tagen ein junger Mann nach mir fragen sollte, seid doch so gut und sagt ihm, daß ich in der Herberge „Zur Schenke" untergekommen bin.

Wirt: Wie heißt er denn?

Heinrich: Beatus Klingohr.

Wirt: Geht schon in Ordnung.

Heinrich: Vielen Dank. Wiedersehen.

Wiedersehen mit Heinrich

Beatus und der Wunderapostel befinden sich auf dem Weg nach Rothenburg. Auf einer Steinmauer sitzt Heinrich und sonnt sich.

Beatus: Seid Ihr schon einmal in Rothenburg gewesen?

Wunderapostel: Vor einigen Jahren war ich dort.

Beatus: So kennt man Euren Namen also auch in dieser Stadt?

Wunderapostel: Ja. Damals nannte man mich schon den Wunderapostel.

Beatus: Darf ich Euch fragen, wie Ihr wirklich heißt?

Wunderapostel: Weißt du, vor Gott hat jeder seinen Namen, aber das ist Sein Geheimnis!

In diesem Moment gehen Beatus und der Wunderapostel an der Steinmauer vorbei, auf der Heinrich sitzt. Plötzlich erkennt er seinen Freund wieder.

Heinrich: Das ist doch – Beatus!

Die beiden laufen aufeinander zu und umarmen sich.

Beatus: Heinrich! Schön, dich wiederzusehen. Ich hätte nicht gedacht, daß du schon da bist.

Heinrich: Ich bin schon drei Monate in Rothenburg.

Beatus: Drei Monate?

Heinrich: Ja, irgendwie hat's mich hierhergezogen. Und dann hab' ich auch noch Arbeit gefunden. Nun ja, und seitdem bin ich geblieben.

Heinrich schaut zu Beatus' Wegbegleiter herüber, der etwas abseits steht.

Sag mal, ist das der Wunderapostel?

Beatus: Ja, das ist er. Komm, ich stell' dich ihm vor! – Das ist mein Freund, von dem ich Euch schon erzählt hab'.

Wunderapostel: Sei mir gegrüßt.

Heinrich: Ich freue mich, Euch kennenzulernen.

Wunderapostel: Dann können wir ja jetzt gemeinsam nach Rothenburg gehen.

Beatus: Ja, komm, Heinrich.

Sie brechen nach Rothenburg auf.

Was hast du denn die ganze Zeit über gemacht?

Heinrich: Was schon? Gefaulenzt – du kennst mich doch! – *Gelächter* –

Ankunft in Rothenburg

Ein Ehepaar sieht vom Fenster aus den Wunderapostel.

Frau: Johann, ist das da unten nicht der Wunderapostel?

Mann: Martha, er ist es ja tatsächlich!

Eine Frau steht mit ihren beiden Kindern auf der Straße. Auch ihr fällt der Wunderapostel sofort auf.

Mutter: Bei Gott, er ist wieder da.

Erstes Kind: Was ist das für ein Mann?

Mutter: Das ist ein ganz lieber Mensch. Wißt ihr was? Lauft doch einmal hin zu ihm und sagt ihm ein schönes „Grüß Gott".

Zweites Kind: Ich trau' mich aber nicht.

Erstes Kind: Ich schon.

Mutter: Na, dann lauft mal zu.

Die beiden Kinder laufen zum Wunderapostel.

Kinder: Grüß Gott!

Wunderapostel: Grüß Gott, ihr beiden. Das ist aber lieb, daß ihr mich begrüßt.

Im Wirtshaus

Beatus, Heinrich und der Wunderapostel gehen in ein Wirtshaus und setzen sich dort an einen Tisch.

Verschiedene Gäste: Das ist doch der Wunderapostel. – Ja, das ist er.

Heinrich: Ihr scheint hier sehr bekannt zu sein.

Der Wirt kommt auf die drei neuen Gäste zu.

Wirt: Seid uns willkommen, Wunderapostel. Schön, daß Ihr wieder da seid! Was darf ich Euch zu trinken bringen?

Wunderapostel: Wir hätten gern drei Gläser Wein.

Wirt: Ich bring' Euch den besten, den ich da hab'.

Heinrich: Woher kennen Euch die Leute hier so gut?

Wunderapostel: Ich bin vor drei Jahren schon einmal in Rothenburg gewesen. Damals ...

In diesem Moment reißt jemand hastig die Wirtshaustüre auf und eilt hinein.

Bürgermeister: Wunderapostel, ist das eine Freude, daß Ihr wieder da seid!
Willkommen, herzlich willkommen!

Wunderapostel: Setzt Euch doch ein wenig zu uns.

Bürgermeister: Jetzt nicht, aber darf ich Euch einmal unter vier Augen sprechen?

Wunderapostel: Ist gut; bleibt ihr solange hier. Wartet auf mich.

Der Wunderapostel und der Bürgermeister verlassen das Wirtshaus.

Beatus: Könnt Ihr uns sagen, wer der Herr da gerade war?

Wirt: Das war unser Bürgermeister.

Heinrich: Der Bürgermeister?

Wirt: Ja, ja. Habt ihr aber ein Glück, mit dem Wunderapostel umherziehen zu können. Erzählt mir doch, was ihr bisher an seiner Seite erlebt habt.

Ein Herr vom Nebentisch setzt sich dazu.

Herr: Ja, erzählt eure Erlebnisse mit ihm!

Beatus: Wir können euch nichts erzählen. Mein Freund hat ihn heute erst kennengelernt, und auch ich bin noch nicht lange mit ihm unterwegs.

Herr: Ihr habt gar nichts zu erzählen?

Heinrich: Nein, leider nicht.

Wirt: Das gibt's doch nicht. Und ich habe geglaubt, wir würden jetzt etwas Neues vom Wunderapostel erfahren.

Herr: Kennt ihr denn auch nicht die wundersame Geschichte um unseren Bürgermeister?

Beatus: Was für eine wundersame Geschichte?

Wirt: Matthias, das müssen wir den beiden erzählen.

Herr: Es war vor ungefähr drei Jahren, da brach unser Bürgermeister bei der Ratsversammlung plötzlich wie tot zusammen.
Die Hiobsbotschaft ging wie ein Lauffeuer durch die ganze Stadt. Als man ihn nach Hause gebracht hatte,

untersuchte ihn der Medizinalrat Gutbrodt, der hier einen sehr guten Ruf

als Arzt hat. Der konnte aber nur mit Bedauern feststellen, daß er tatsächlich gestorben war.
Die Frau des Bürgermeisters soll jedoch mehrmals hintereinander geschrien haben, daß ihr Mann nicht tot

sei. Sie hat es förmlich beschworen, und sie muß es so oft und eindringlich wiederholt haben, daß es den Anwesenden kalt über den Rücken lief.
Der unerwartete Tod des Bürgermeisters war natürlich Hauptgesprächsthema in Rothenburg. Wir waren alle sehr betroffen.
Den Wunderapostel kannte hier noch niemand. Er saß damals genau an dem Tisch, wo er sich heute mit euch hingesetzt hat. Plötzlich stand er auf und rief in die Menge hinein:
„Ich sage euch, der Bürgermeister ist nicht tot. Er schläft nur!"
Das war vielleicht ein Moment. Ihr könnt euch nicht vorstellen, wie uns

allen zumute war. Er wollte dann zum Bürgermeister gebracht werden. Ich hab' ihn dort hingeführt. Der Bischof von Würzburg, ein guter Freund des Bürgermeisters, nahm gerade Abschied von ihm.
Alle waren erstaunt, als ich mit dem Wunderapostel das Zimmer betrat.
Ich werde wohl nie vergessen, wie er ohne ein Wort zu sagen zum Totenbett des Bürgermeisters ging.
Und obwohl ihn keiner von uns kannte, wagte niemand, ihn aufzuhalten.
Dann geschah das Unvorstellbare!
Der Wunderapostel ließ seine Hand einige Zeit über dem Gesicht unseres Bürgermeisters kreisen, und ob ihr es glaubt oder nicht, er erweckte ihn wieder zum Leben! Wir konnten alle nicht fassen, was geschehen war. Selbst der Bischof war so beeindruckt, daß er den Wunderapostel zu sich in seinen Palast einlud.
Fünf Tage soll er dort gewesen sein, aber es hat bis heute niemand erfahren, was die beiden so lange zu besprechen hatten.
Das hättet ihr wohl nicht gedacht, mit wem ihr da zusammen seid?

Ein Mann kommt plötzlich ganz aufgeregt ins Wirtshaus.

Mann: Kommt alle mit, unglaubliche Dinge geschehen! Der Wunderapostel heilt vor dem Haus des Bürgermeisters!

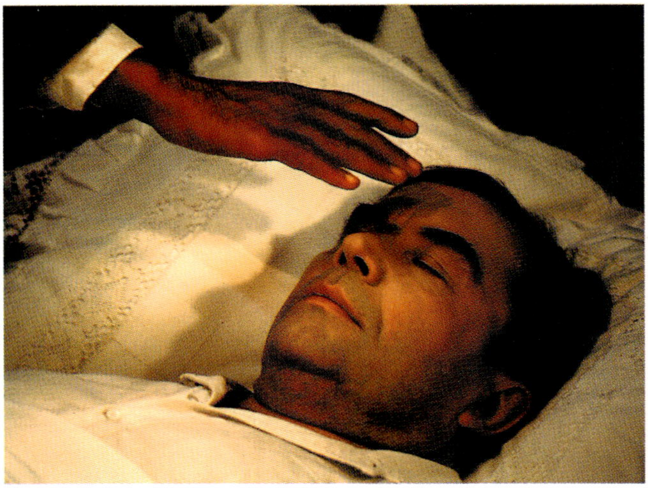

Rothenburger Morgenpost

Der Wunderapostel heilt auf dem Marktplatz

Wunderapostel: Ihr glaubt, daß das, was ihr seht, Wunder sind, und nennt mich darum den Wunderapostel, aber ich sage euch, in Wahrheit sind es keine Wunder. Es ist die Bestimmung Gottes, es ist Sein Wille, daß der Mensch gesund und glücklich ist! Ihr braucht nicht zu leiden. Fort mit allen Sorgen und Nöten.

Mann (Rollstuhlfahrer): So helft doch bitte auch mir, guter Mann.

Er schiebt sich durch die Menge.

Mann: Macht doch mal Platz.

Frau: Ja. Geht doch mal zur Seite.

Der Mann (Rollstuhlfahrer) erreicht den Wunderapostel.

Mann (Rollstuhlfahrer): Erlöst mich von meinem Leiden. Seit meiner Kindheit kann ich nicht gehen.

Wunderapostel: Ich rate euch, nicht mehr an die Krankheit zu denken. – Steht auf!

Mann: Ich helfe ihm.

Wunderapostel: Laßt ihn, er wird es selbst schaffen.

Der Mann macht tatsächlich seine ersten Schritte.

Stimmen: Das ist unglaublich. – Nicht möglich!

Mann (Geheilter): Ich kann gehen, ich kann gehen!
Gott sei gepriesen! Jetzt kann ich wieder an einen Herrgott glauben und an Seine Gerechtigkeit! Ich kann gar nicht sagen, wie dankbar ich Euch bin.

Wunderapostel: Danket nicht mir, danket Gott dafür. Er hat es getan. Aber bemüht Euch von nun an, nach Seinen Geboten zu leben.

Mann (Geheilter): Ja, das will ich tun.

Frau: Was, er nimmt noch nicht mal Geld dafür?

Mann (Geheilter): Ich kann gehen, ich kann gehen.

Der Mann geht zu der Person, die ihn vorher geschoben hat.

Mann: Karl, laß mich mal. Jetzt schiebe ich den Rollstuhl. Ich kann gehen! Ich kann gehen! Seht alle her. Ich kann gehen.

Eine Frau schiebt sich durch die Menschenmenge.

Frau: Schaut her, Wunderapostel, meine Tocher, sie ist blind. Helft ihr doch bitte auch. Vor drei Jahren hatte

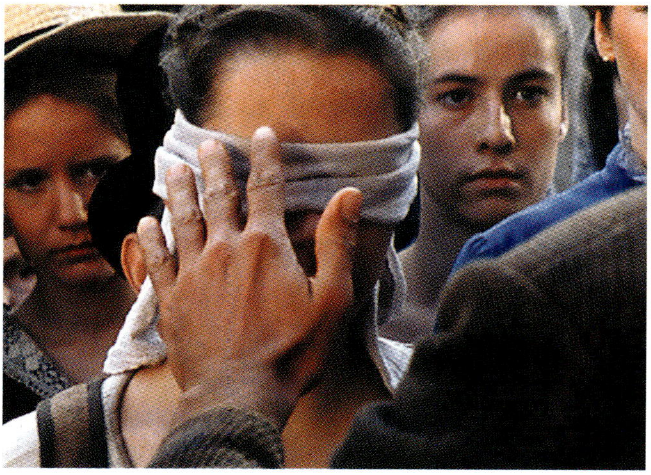

sie einen Unfall, und die Ärzte sagen, daß sie nie wieder wird sehen können.

Wunderapostel: Das menschliche Tun ist arg begrenzt, nicht aber das göttliche. Glaubt nur, daß Gott der größte Arzt ist! Glaubst du auch, daß dich der Herrgott wieder heilen kann?

Mädchen: Ja.

Wunderapostel: Dann ist dir geholfen.

Das Mädchen zuckt plötzlich zusammen.

Mädchen: Au, aua, nein, au.

Wunderapostel: Was spürst du jetzt?

Mädchen: Die Augen brennen plötzlich wie Feuer.

Wunderapostel: Hab keine Angst, das muß so sein. Da wird nur etwas gereinigt!

Mädchen: Was geschieht mit mir? Mutter, Mutter!

Frau: Dauert das lange?

Wunderapostel: Nein, es hört gleich auf.

Das Mädchen schreit in diesem Moment laut auf.

Mädchen: Es tut so weh! Aah!

Dann beruhigt es sich langsam.

Wunderapostel: Spürst du, daß der Schmerz nachläßt?

Mädchen: Ja.

Wunderapostel: Was siehst du jetzt?

Mädchen: Es ist alles so hell.

Wunderapostel: Dann nimm die Binde ab.

Das Mädchen folgt der Aufforderung des Wunderapostels.

Mädchen: Ich kann sehen! Ich kann sehen! Mutter, ich kann sehen.

Frau: Mein Kind, mein Kind.
Das ist der schönste Tag in meinem Leben!

Aufgebracht ruft nun ein reicher Kauf-

mann aus der Menge.

Reicher Kaufmann: Laßt Eure Gnade auch über mir walten. Seht mein Bein. Ich kann es nicht mehr bewegen. Gott hat mich arg bestraft!

Wunderapostel: Wie könnt Ihr so etwas nur sagen? Gott straft niemanden!
Hört einmal alle her, was ich euch jetzt zu wissen gebe:

In Wahrheit bürdet ihr euch die Krankheiten selber auf, da ihr den göttlichen Gesetzen nicht mehr folgt. Jede Krankheit hat eine Ursache, nichts geschieht zufällig. Je reiner ein Mensch ist, d.h. je weniger er Böses tut, desto mehr kann ihn die göttliche Kraft durchströmen. Diese Kraft erhält die ganze Schöpfung.
Wenn sich der Mensch nun aber bewußt oder unbewußt vom Herrn abwendet, so ist es nicht mehr möglich, daß Gottes Kraft ungehindert in den Menschen einfließen kann. Aufgrund dieses Mangels wird der Mensch krank wie eine Pflanze, die man in den Keller stellt und die kein Sonnenlicht mehr erhält. Die Krankheit ist also das Böse und kommt vom Bösen, niemals aber von Gott!
Satan selbst gibt euch die Gedanken ein, den göttlichen Weg zu verlassen, um eure Körper zu zerstören und euch unglücklich zu machen.
Darum rufe ich euch allen Ernstes auf: Kehrt um, lebt wieder in Einheit mit Gott und Seinen Gesetzen, dann wird es euch an nichts fehlen. Löst euch von allem Unguten! Wenn euch dann der heilige Lebensstrom wieder bereinigend durchfluten kann, muß schon bald alles Böse weichen und damit auch die Krankheit aus eurem Körper! Satan ist zwar mächtig, Gott aber allmächtig!

Junger Mann: Wie ist es aber zu erklären, daß es Menschen gibt, die offensichtlich nichts Schlimmes tun, aber dennoch von ärgsten Krankheiten geplagt werden? Und wie ist es zu erklären, daß manchmal schon Neugeborene als Krüppel zur Welt kommen? Sie können sich noch gar nicht an den Gesetzen Gottes versündigt haben!

noch nicht getilgt hat, der muß diese in einem anderen Körper austragen. So beschreibt es die Gerechtigkeit Gottes, und nur so kann der Mensch aus seinen Fehlern lernen und das Ungute überwinden. Doch glaubt mir, daß Gott ein barmherziger, verzeihender Vater ist!
Ich weiß, daß niemand unter euch ohne Sünde ist und jeder sein Schicksal tragen muß, aber die Last, die will ich euch nehmen.
Gebt mir all eure Sorgen und Nöte, mein Rücken ist breit, ich will sie für euch tragen!

Wunderapostel: Wie blind ihr doch seid!

Der Wunderapostel geht auf ein Kind zu und nimmt es auf den Arm.

Seht euch dieses Kind an, was es noch für einen kleinen Körper hat. Es erscheint euch sehr jung, aber ich sage euch, daß der Geist, der in diesem Körper wohnt, schon uralt ist. Der Mensch erhält nicht nur ein einziges Leben auf dieser Erde, sondern viele, und bekommt von Gott immer wieder einen neuen Körper geschenkt.
Wer aber nun Böses in einem Vorleben getan und diese Schuld

Reicher Kaufmann: So helft doch auch mir endlich, laßt mich nicht länger warten!

Wunderapostel: Keiner hat das Recht, etwas zu verlangen, sondern muß mit reuevollem Herzen um Hilfe bitten. Aus diesem Grunde darf ich Euch nicht helfen, da Ihr noch gar nicht umkehren wollt. Euer Herz ist dunkel, voller Eigensucht. Wenn Ihr die Heilung bekommen würdet, würdet Ihr dafür um so mehr Böses tun!

Reicher Kaufmann: Ich biete Euch viel Geld, alles, was Ihr wollt.

Wunderapostel: Die Gesundheit kann man nicht kaufen. Hört auf mit Eurem törichten Gerede.
Und ihr könnt nun alle nach Hause gehen.
Und wer noch Schmerzen hat, der verzage nicht – es ist euch schon geholfen!
Glaubt und vertraut, daß die göttliche Kraft hilft und heilt.

Das Ende eines besonderen Tages

Beatus und Heinrich sitzen wieder im Wirtshaus, diesmal ohne den Wunderapostel.

Beatus: Ich kann immer noch nicht fassen, was wir heute nachmittag erlebt haben. Ergeht es dir nicht auch so?

Heinrich: Ja. Wenn ich nicht selbst dabei gewesen wär', ich würd's kaum glauben. Was ist dieser Wunderapostel nur für ein Mensch!

Beatus: Das frage ich mich auch. Weißt du, als ich ihn so heilen sah und die große Menschenmenge um ihn herum, da hatte ich plötzlich ein Bild aus der Bibel vor mir, wie Jesus die Heilungen vollbrachte, wie Lahme gehend und Blinde sehend wurden!

Heinrich: Es ist wirklich kaum zu fassen, was dieser Mann bewirkt.

Beatus: Irgendwie werde ich das Gefühl nicht los, als ob für mich nun ein ganz neues Leben beginnen würde.

Heinrich: Wo ist er jetzt eigentlich?

Beatus: Er wollte zum Bischof nach Würzburg und meinte, wir sollten hier auf ihn warten. Er will erst in drei Tagen weiterziehen und erwartet uns dann draußen vor der Stadt.

Heinrich: Ich frage mich nur, was er die ganze Zeit beim Bischof macht.

Der Wunderapostel beim Bischof

Der Wunderapostel sitzt mit dem Bischof in dessen Arbeitszimmer.

Bischof: Ich kann Euch gar nicht sagen, wie froh ich bin, daß Ihr mir wieder einen Besuch abstattet, obwohl ich nach unserer letzten Begegnung manche Unannehmlichkeiten hatte. Wißt Ihr, einige meiner Vorgesetzten bringen Euch gegenüber nicht das nötige Verständnis auf. Vor allem Kardinal Bachmann ist nicht gut auf Euch zu sprechen.

Wunderapostel: Ist es nicht so, daß die Diener Eurer Kirche schon so manch einen verkannt, aber später dann heiliggesprochen haben?

Bischof: Da habt Ihr recht. Mir ist es auch ganz gleich, was da geredet wird, Ihr habt mich durch Eure Taten überzeugt. Die Heilungen, die Ihr bewirkt, sind für mich eindeutig genug, um zu wissen, daß Gottes Segen über Euch liegt!

Wunderapostel: Gottes Segen ist mit all denen, die dem Allmächtigen aus Liebe folgen und dementsprechend Gutes tun. So könnten Eure Kirchen Heilstätten sein, wenn Ihr nicht der Macht- und Besitzgier verfallen wäret. Dadurch habt Ihr das Höchste verloren – die lebendige Gottverbundenheit und das wahre göttliche Wissen!

Bischof: Glaubt mir, schon seit einiger Zeit bin ich mir bewußt, daß unsere Kirchen zu steinernen Tempeln geworden sind. Mich reizen der Reichtum und das Machtgehabe schon lange nicht mehr. Je älter ich werde, um so größer brennt in mir der Wunsch, die Schöpfungsgeheimnisse erfassen zu dürfen und den Stein der Weisen zu finden.

Wunderapostel: So glaubt Ihr also immer noch daran, daß es diesen Stein der Weisen gibt?

Bischof: Ja, ich glaube daran, daß es ihn gibt, und es ist mein größter Wunsch, ihn schauen zu dürfen, bevor mein Leben sinnlos verhaucht. Wartet, ich lese Euch etwas vor.

Der Bischof holt ein altes Buch.

Hier schreibt der Naturphilosoph Johann Baptist Helmont: „Ich habe jenen Stein einige Male gesehen und berühret. Wenn man ihn mit normalen Steinen in einen Tiegel legt und kurz aufkochen läßt, so verwandeln sich diese Steine in Gold!"
Woanders habe ich mal gelesen, daß durch bloßes Auflegen dieses Steines auf Körperstellen Heilungen eingetreten sind.

Der Bischof steht auf und geht unruhig im Raum hin und her.

Und so ringe und strebe ich danach, diesen geheimnisvollen Stein zu finden, aber ich drehe mich nur im Kreise, ohne jegliches Ergebnis.
Heimlich habe ich mir in einem der unteren Gewölbe des Palastes eine Alchimistenküche eingerichtet, aber alle meine Versuche brachten mich bisher nicht weiter. Es ist zum Verzweifeln!

Wunderapostel: Wenn es Euch recht ist, dann führt mich einmal zu diesem Ort hin.

Bischof: Bis jetzt hat ihn noch niemand gesehen, aber Euch will ich ihn gerne zeigen.
Hier geht es runter.

Der Bischof schiebt eine Schrankwand zur Seite, hinter der eine Treppe in einen geheimen Raum führt.

In der Alchimistenküche

Der Bischof führt den Wunderapostel in ein unterirdisches Kellergewölbe.

Bischof: Das ist der Raum. Er ist mein ganzer Stolz. Hier habe ich alles zusammengetragen, was ein guter Alchimist braucht.
Von überall her habe ich die Sachen eingeschleust. Es war gar nicht einfach, dabei unentdeckt zu bleiben, das könnt Ihr mir glauben. Was meint Ihr, was geschehen würde, wenn Kardinal Bachmann davon erführe? Ihr könnt euch gar nicht vorstellen, wie viele Stunden ich schon in diesem Gewölbe zugebracht habe – Nacht für Nacht.
Schaut Euch dies alles an. Das Resultat jahrelanger Arbeit.

Wunderapostel: Macht doch bitte einmal so einen Tiegel warm.

Bischof: Wie Ihr wünscht.

Der Bischof erwärmt einen Kessel.

Wunderapostel: Und nun werft ein paar Steine hinein.

Auch dieser Aufforderung folgt der Bischof. Dann holt der Wunderapostel etwas aus seiner Jackentasche.

Das ist der Stein, den Ihr schon so lange sucht. Legt ihn nun zu den anderen.

Der Bischof ist sehr ergriffen, als er zum ersten Mal in seinem Leben den langersehnten Stein der Weisen in seinen Händen hält. Er legt ihn ebenfalls in den Kessel. Es vergeht einige Zeit.

Gebt mir jetzt den Stein der Weisen wieder zurück und schaut nach den anderen!

Der Bischof ist fassungslos.

Bischof: Gold, pures Gold!
Jetzt habe ich die Verwandlung mit eigenen Augen gesehen. Es ist also wahr. Wie kann ich mich Euch gegenüber nur dankbar genug zeigen, da Ihr mir meinen sehnlichsten Wunsch erfüllt habt? – Ihr scheint aber meine Freude über mein fassungsloses Glück nicht recht teilen zu wollen?!

Wunderapostel: Was Ihr jetzt als höchstes Glück empfindet, ist nicht das wahre Glück.
Obwohl Ihr das Gute wollt, seid Ihr dennoch auf einem Irr-weg angekommen. Und da die Gefahr besteht, daß Ihr ganz einem trügerischen Wahn verfallt, bin ich hierhergekommen, um Euch zu helfen.

Bischof: Wie meint Ihr das?

Wunderapostel: Laßt uns wieder nach oben gehen, dort werde ich Euch alles erklären.

Erklärungen des Wunderapostels

Der Wunderapostel und der Bischof befinden sich wieder im Arbeitszimmer.

Bischof: Darf ich Euch auch etwas einschenken?

Wunderapostel: Nein, danke.

Bischof: Ich wäre Euch dankbar, wenn Ihr mir Eure Worte nun erklären würdet.

Wunderapostel: Das ist auch sehr notwendig. Wißt ihr, euer sehnsüchti-

ger Wunsch, den Stein der Weisen zu finden, um die stoffliche Verwandlung zu erleben, hat Euch nämlich von dem abgehalten, was das Wichtigste im Leben ist – die eigene geistige Verwandlung! Ihr glaubt zwar, mit dem eben Geschauten Euer Ziel erreicht zu haben, aber in Wahrheit habt Ihr das höchste Ziel aus den Augen verloren!

Bischof: Von welchem Ziel sprecht Ihr?

Wunderapostel: Von dem heiligen Ziel, mit Gottvater eins zu werden. Um dieses Ziel erreichen zu können, muß der Mensch mit aller Kraft danach streben, alle unguten Eigenschaften zu überwinden. Nur so weicht die Finsternis in ihm, und das göttliche Licht bricht wieder hervor. Das ist die geistige Verwandlung, die der ganzen Menschheit in naher Zukunft bevorsteht.

Der Wunderapostel steht auf und geht im Raum auf und ab.

Doch bis dahin werden noch viele einen Irrweg einschlagen. Die geistige Verwirrung könnte nicht größer sein. Falschen Propheten wird man Glauben schenken oder okkulte Spielereien betreiben, anstatt an sich zu arbeiten und den göttlichen Gesetzen zu folgen. So manch einer verfällt in dieser Zeit dem Bösen und ist verloren.

Der Bischof schreckt hoch.

Bischof: Sagt, so werde auch ich verloren sein?

Wunderapostel: Nein, in Euren Augen erkenne ich den ernsthaften Wunsch, nach dem Willen Gottes zu leben. Seid unbesorgt, aber gebt acht, daß Ihr nicht mehr vom rechten Wege abkommt.

Die beiden gehen aufeinander zu und reichen sich die Hände.

Bischof: Ich danke Euch für Eure Worte!

Streitgespräch mit Kardinal Bachmann

Mittlerweile hat sich der Wunderapostel verabschiedet. Der Bischof ist noch ganz in sich versunken, als es an der Türe klopft.

Bischof: Ja, bitte!

Diener: Hochwürden, Eure Eminenz, Kardinal Bachmann, ist gerade angekommen, um Euch einen Besuch abzustatten.

Bischof: Kardinal Bachmann. – Hm – Ja bitte.

Der Kardinal kommt bereits schnellen Schrittes in den Raum hinein.

Bischof: Euer Eminenz!

Kardinal: Mein Sohn. Ich bin nur auf der Durchreise. Ich statte Euch einen Besuch ab, weil ich mir ernsthaft Sorgen um Euch mache.

Bischof: Ihr macht Euch Sorgen um mich?

Kardinal: Ja, wie mir berichtet wurde, seid Ihr schon wieder in Verbindung mit diesem Wunderapostel gewesen. Wißt Ihr eigentlich nicht, daß die ganze Stadt schon davon spricht?

Bischof: Nun nehmt doch erst einmal Platz. Sicher seid Ihr von der Reise sehr erschöpft. Darf ich Euch etwas zu trinken anbieten?

Kardinal: Nein danke. – Ich verstehe Euch nicht, daß Ihr schon wieder mit diesem langhaarigen Herumtreiber zusammengewesen seid.

Bischof: Aber Ihr kennt den Mann doch gar nicht.

Kardinal: Ich kenne diese Sorte von Menschen sehr genau. Wie könnt Ihr nur so einem Volksaufwiegler und Scharlatan Eure Tür öffnen?

Eine Schande ist das für unsere heilige Kirche. Sicherlich bewirkt er seine angeblichen Heilungen – wenn überhaupt – dann nur durch Zauberkräfte des Satans!
Ihr schadet damit dem guten Ruf des Heiligen Päpstlichen Stuhls!

Der Bischof ist empört, steht auf und beginnt laut zu werden.

Bischof: Ja, ja, unser guter Ruf, der gewahrt bleiben muß, damit niemand bemerkt, wie leer und kalt in Wirklichkeit alles geworden ist. Den Ihr da verschmäht und verspottet, der weiß den Menschen Gott lebendig nah zu vermitteln. Er weiß mehr als alle Bischöfe, Kardinäle und Päpste zusammen.

Kardinal: Das ist ja wohl unerhört.

Bischof: Ich weiß nur, daß Könige und Geistliche als blinde Narren auf goldenen Stühlen und Thronen sitzen, während er, der scheinbare Bettler, als heimlicher König schlicht und einfach durch die Lande zieht.
Er geht unbeirrbar seinen Weg.

Kardinal: Das wird Euch teuer zu stehen kommen!

Bischof: Er erfüllt seine Mission!

Beatus' Lebensgeschichte

Sprecher: Der Wunderapostel und ich verließen Rothenburg ohne Heinrich. Er hatte sich in eine junge Frau verliebt, und zu meiner großen Überraschung sprach er davon, sich seßhaft zu machen.

In immer tiefere Schöpfungsgeheimnisse weihte mich der Wunderapostel nun ein. Unvergeßliche Stunden erlebte ich an seiner Seite. Ich spürte, daß er mir ein ganz neues Reich erschliessen wollte.

Beatus und der Wunderapostel sitzen am Abend vor einem Lagerfeuer.

Wunderapostel: Ich sehe, daß du mit einem Mal so traurig geworden bist, Beatus.

Beatus: Ja, Ihr habt recht. Wißt Ihr, ich kenne diese Gegend hier sehr gut.
Ihr Anblick erweckt in mir eine schmerzliche Erinnerung.
Hier ganz in der Nähe lebt eine Frau, die ich sehr liebe, doch seitdem ich auf Wanderschaft bin, nicht mehr gesehen habe. Ich habe sie oftmals sehr vermißt!
Doch laßt mich Euch nun meine Lebensgeschichte erzählen, damit Ihr den wahren Grund meiner Trauer versteht.
Ich bin in einem kleinen Dorf im Erzgebirge zur Welt gekommen. Es liegt recht abgelegen, auf einer Anhöhe.
Ihr könnt mir glauben, wenn ich sage, daß sich die Herzen der Menschen in solch einer Abgeschiedenheit inniger zusammenschliessen als in den lärmenden Tälern.
So erfuhr ich dort eine glückliche Kindheit, die nicht von dem geringsten Schatten getrübt war, obwohl wir in recht ärmlichen Verhältnissen lebten.
Meine Eltern schenkten mir sehr viel Liebe. Ich muß auch noch sagen, daß ich das einzige Kind von ihnen war und blieb.

Mein Vater ist Geigenbauer und Musiker. Er baut die Geige nicht nur wie kaum ein zweiter, sondern er spielt sie auch so!
Jeden Sommer zog er als Spielführer in die Welt hinaus. Sehnsüchtig und wehmütig schaute ich ihm immer hinterher. Am liebsten wäre ich gleich mitgezogen. So bin ich von der Wiege auf in die Musik und das Geigenbauen hineingewachsen.
Ich war kaum sechs Jahre alt, da steckte mir der Vater das erste Mal eine Geige unters Kinn. Ich fühlte mich wie ein kleiner König.

Die Jahre vergingen wie im Flug. Unvergeßlich sind mir die Stunden, als wir gemeinsam geeignetes Holz für neue Geigen suchten. Oh, ich war stolz, einen solchen Vater zu haben. Unter seiner Anleitung erlernte ich dann eines Tages das Geigenbauen selbst.

Meine erste Geige war mir so etwas wie ein Heiligtum.
Mit nur 13 Jahren durfte ich dann zum ersten Mal die Dorfmusikanten begleiten, was recht ungewöhnlich war, aber ich darf sagen, daß ich damals schon recht gut spielen konnte.
Die Musik war mein ein und alles. Was war das erst für eine Freude, an der Seite meines Vaters zu spielen! Natürlich war er auch stolz auf mich. So bin ich hinaus in die Welt gekommen. Ich fühlte mich so frei wie ein Vogel.
Dann kam ein ganz bedeutsamer Tag in meinem Leben.
Wir spielten an einem wunderschönen Sonntagmorgen in einer Großstadt. Ich kann mich nicht erinnern, daß wir vorher schon einmal so viele Zuhörer

gehabt hatten wie an diesem Tag. Ein sehr vornehm gekleideter Herr sprach Vater und mich plötzlich an. Zu unserer großen Überraschung lud er uns ein, seine Gäste zu sein.

Es verschlug uns fast die Sprache, als wir uns mit einem Mal in der Villa eines Großindustriellen befanden. So einen Reichtum hatten wir noch nie gesehen. Es stellte sich heraus, daß der fremde Mann – ein gewisser Herr Ysenberg – ein großer Musikliebhaber war. Er erklärte meinem Vater und mir, daß ich ein außergewöhnliches Talent zum Geigenspielen hätte und dies unbedingt durch ein vernünftiges Musikstudium gefördert werden müsse. Er wollte alle Kosten dafür überneh-

men. Wir konnten es nicht fassen!
Doch bereits ein Jahr später wurde der scheinbare Traum tatsächlich Wirklichkeit. Die Villa meines Gönners wurde mein zweites Zuhause. Er behandelte mich wie seinen eigenen Sohn. Ihr könnt Euch nicht vorstellen, mit welcher Begeisterung ich mich meinem Studium hingab.
So verging die Zeit, und das letzte Jahr auf dem Konservatorium war bereits herangerückt. Ich darf sagen, daß ich große Fortschritte gemacht hatte und sogar als bester Schüler ausgezeichnet wurde.
Eines Tages offenbarte mir Herr Ysenberg, daß man mit mir einen großen Violinabend plane.
Ich ahnte damals nicht, wie sehr sich mein Leben noch einmal verändern würde.

Der Konzertabend kam und wurde ein großer Erfolg. Die Musik war längst die eigentliche Heimat meiner Seele geworden. Ich konnte mich in die Herzen meiner Zuhörer spielen. Meine Eltern saßen in der vordersten Reihe. Ihre Ergriffenheit werde ich niemals vergessen, als der tosende Beifall erklang, den mir die Menschen entgegenbrachten.

So wurde ich über Nacht ein berühmter Künstler. Die Zeitungen schrieben große Artikel über mich. Die Wellen des Glückes haben mich hochgetragen, auf Höhen, vor denen mir selber schwindelte, wenn ich in stillen Stunden darüber nachdachte!
Bei einem meiner Konzerte lernte ich Fürstin Uta kennen, die ich immer häufiger in ihrem Schloß besuchte. Ich bin in all den Jahren manch edler Frau begegnet, doch von keiner fühlte ich mich so angezogen wie von ihr. Es fehlen mir die Worte, um ihr bezauberndes Wesen zu beschreiben. Uns beide verband schon bald eine innige Freundschaft. Unvergeßliche Stunden erlebten wir miteinander.
Mein Glück schien keine Grenzen zu kennen. Ich konnte mir wahrhaft keinen glücklicheren Menschen auf dieser Erde vorstellen.
Dann geschah es.
Ich hatte ein Konzert in Hamburg gegeben und befand mich auf einer Zugfahrt in Richtung Süden. Plötzlich

gab es einen unbeschreiblichen Krach. Dann verlor ich das Bewußtsein. Ich erwachte erst wieder im Spital. Es kam mir alles vor wie ein Alptraum, doch es war kein Alptraum, es war Wirklichkeit. Ich stellte mit Schrecken fest, daß mein linker Arm verletzt worden war. Die Ärzte sprachen mir mein Todesurteil aus: Ich sollte nie wieder richtig Geige spielen können.

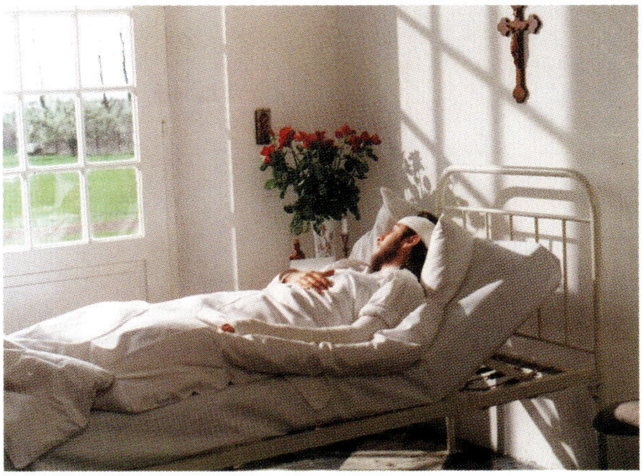

Aber ich wollte es nicht wahrhaben, und so kam der Tag, an dem ich zum ersten Mal wieder Geige zu spielen versuchte, doch so sehr ich mich auch mühte, es ging einfach nicht mehr. Ich ahnte, welche Stunde mir geschlagen hatte. Einen Weg zurück schien es nicht mehr zu geben.

Uta sprach mir in all ihrer Liebe immer wieder neuen Mut zu, doch mir wurde meine hoffnungslose Lage immer klarer. Ich wollte mir einfach nichts vormachen.

Es trieb mich fast bis zum Wahnsinn!

Halbe Nächte lang habe ich gebetet und den Herrgott um Hilfe angefleht, habe ihn gebeten, mir alle Freuden des Lebens zu verwehren, wenn ich nur wieder hätte Geige spielen können. Doch der Ewige hat mich nicht erhört – Er blieb stumm! Mit dem Mut der Verzweiflung versuchte ich weiter zu spielen, mit der Kraft blinder Wut, doch vergebens. Mein Ende war längst besiegelt! Ich hatte meinen Lebensinhalt verloren.

Ich wollte allein sein, ganz allein mit meinem Leid. Meiner geliebten Uta und meinen lieben Eltern schrieb ich

einen Abschiedsbrief. Es war der schwerste Moment meines Lebens.
Heimlich bin ich fort, namenlos hinaus auf die Landstraße!

Wunderapostel: Dein Flehen und Bitten zum Herrgott war nicht vergebens! Glaube mir, Er hat dich erhört!

Beatus: Ja, das glaub' ich auch.
Wenn auch mein Arm nicht wieder in Ordnung kam, so durfte ich doch Euch begegnen.
Ihr habt meinem zerbrochenen Dasein einen ganz neuen Lebenssinn gegeben. Ich hätte nie gedacht, daß ich noch mal so glücklich werden könnte!

Wunderapostel: Aber es gibt Menschen, die seit deiner Wanderschaft nie mehr richtig glücklich geworden sind – deine Eltern und Fürstin Uta!

Beatus: Woher wollt Ihr wissen, wie es meinen Eltern und Fürstin Uta geht?

Wunderapostel: Ich sehe es vor mir, Beatus. Sie sind voller Trauer und großer Sorge um dich. Darum rate ich dir, schon morgen Fürstin Uta aufzusuchen.
Beatus, ich habe dich bewußt hierhergeführt, damit sie von dir erfahren, daß es dir wieder bessergeht und du sie nicht vergessen hast.

Beatus: Wie könnte ich sie je vergessen, die ich doch so sehr liebe!

Wunderapostel: Gehe zu ihr, Beatus, sie braucht deine Liebe!

Rückkehr zu Fürstin Uta - Naturoffenbarungen des Wunderapostels

Fürstin Uta geht im Schloßpark spazieren. Hinter einigen Pflanzen versteckt, wirft ihr Beatus eine Rose entgegen.

Uta: Wer ist da?

Beatus kommt aus seinem Versteck heraus. Uta kann es nicht fassen.

Beatus!

Beide umarmen sich innig.

Sprecher: Wie glücklich war ich, Uta endlich wieder in meinen Armen zu halten. Ich hätte nie gedacht, daß man mit einem Menschen so eins sein könnte.
Der Wunderapostel kam drei Tage später zum Schloß, und in nur kurzer Zeit verband uns drei ein mir unerklärliches Vertrautsein.

Beatus, Uta und der Wunderapostel sitzen auf der Schloßterrasse.

Beatus: Dieser Schloßgarten kommt mir vor wie ein kleines Paradies.

Wunderapostel: Es ist ein kleines Paradies. Ich freue mich darüber, daß ihr die Schönheit der Natur noch wahrzunehmen wißt. Es ist schlimm, daß viele Men-schen gar kein Auge mehr dafür haben, denn die Natur offenbart den Schöpfer dieser Herrlichkeiten!

Uta: Wie meint Ihr das?

Wunderapostel: Seht euch diese Blumen an, und ich sage euch, wenn alle Gotteshäuser dieser Erde versinken würden und alle heiligen Bücher verlorengingen, vermag allein eine Blüte dem, der guten Willens ist, Kirche, Buch und Predigt zu ersetzen. Wer sich der Sprache einer solchen Blüte demütig hingäbe, der würde Gott selber schauen!

Beatus: Erklärt uns doch bitte näher, was Ihr damit sagen wollt!

Wunderapostel: Dann seht euch diese Blüte einmal genauer an!
Habt ihr euch schon einmal gefragt, wie es möglich ist, daß sie eine solch vollendete Form hat? Sieht sie nicht aus wie eine Sonne? Wer sagt ihr, wann sie ihr Blütenwunder zu offenbaren hat?
Und woher nimmt sie überhaupt die Kraft, sich von einem Samenkorn zu einer prachtvollen Blüte zu entfalten?

Wer hat die Botschaft zu all dem in das Samenkorn hineingelegt?

Der Wunderapostel steht auf und geht auf einige Blumenbeete zu.

Und wie ist es überhaupt möglich, daß all diese Blumen nie Farbe, Anordnung und Duft verwechseln?
Wagt hier noch jemand von Zufall zu sprechen?
Die Menschen reden von Artinstinkt, doch es bleibt die Frage: woher stammt er?
Kommt doch einmal näher heran.

Beatus und Uta stehen ebenfalls auf und gehen zum Wunderapostel, der mit seiner Hand auf einige Blüten deutet.

Ist es vorstellbar, daß diese wunderbaren Lebensdome aus sich selbst heraus entstanden sind?
Und nun seht euch das Schloß an. Konnte dieses aus sich selbst heraus entstehen? Hat es nicht auch jemand vorher gedacht und gewollt? Konnte es nicht dann erst gebaut werden?

Uta: Ich glaube, ich verstehe, was Ihr meint.

Wunderapostel: Seht ihr, und so ist es mit den Pflanzen, den Tieren und auch mit uns Menschen – mit allen Lebewesen. Sie sind das Werk eines Baumeisters, und dieser Baumeister ist Gott! Er gibt die Bestimmung und hat das Leben überall hineingelegt. Gott ist das Leben selbst, und darum sagte ich anfangs zu euch, daß man in einer einzigen Blüte Gott selber schauen kann.

Uta: Darüber habe ich noch nie nachgedacht. Wie schön diese Vorstellung ist. Jetzt wirken die Blumen plötzlich auch ganz anders auf mich.

Wunderapostel: Ja, die Blumen sind eure kleineren Brüder und Schwestern, und sie spüren, ob ihr sie liebevoll und ehrfürchtig beachtet oder ihnen teilnahmslos begegnet. Und Gott spürt es auch!

Beatus: So offenbart sich also Gott in der Natur?

Wunderapostel: Ja, so ist es. Und wer die Natur schändet und lieblos mit ihr umgeht, der zeigt, daß er die Ehrfurcht vor dem Leben verloren hat. Glaubt mir, das ist der Anfang allen Übels!

Beatus: Jetzt verstehe ich erst, warum ich die Natur immer so geliebt habe und sie mir in meiner inneren Not Momente des Friedens geben konnte.

Aber eines möchte ich Euch noch fragen. Ihr sagt, daß in allen Lebewesen Gott sei; dann hieße das ja auch, daß im Menschen Gott wäre.

Wunderapostel: Ja, wenn auch bei vielen verborgen, so ist er doch in ganz besonderer Weise im Menschen. Der Mensch ist die Krone der Schöpfung. Gott aber waltet hoch über dieser und schwingt dennoch auch in ihr.
Wo Leben ist, da ist Gott; Gott ist wirklich überall!

Der Wunderapostel und der Wissenschaftler

Sprecher: An einem der lauen Sommerabende erhielt Uta Besuch vom Fürsten von Wallburg mit seiner Gattin. Fürst von Wallburg war ein guter Bekannter ihres verstorbenen Mannes gewesen und ein langjähriger Freund des Hauses. Als begeisterter Wissenschaftler erzählte er uns viel von seinen Erlebnissen und dem neuesten Stand der Forschung.

Beatus: Und was für Experimente habt Ihr gemacht?

Fürst: Sie waren unterschiedlicher Art. Es ist schon großartig, wie weit wir mit unseren Forschungsergebnissen vorangeschritten sind. Vor hundert Jahren hätte niemand im Traum daran gedacht, was uns heute schon alles möglich ist.

Fürstin: Und ich hätte im Traum nie daran gedacht, daß der große Forscher einmal so wenig Zeit für mich hat.

– Gelächter –

Uta: Es tut mir so leid für Euch. Wie lange ist es jetzt schon her?

Fürst: Beinahe vier Jahre. Was soll's, hab' eben mal Pech gehabt.

Wunderapostel: Das war kein Pech, es war Leichtsinn.

Fürst: Was wollt Ihr damit sagen?

Wunderapostel: Ist es damals nicht so gewesen, daβ Ihr nicht im geringsten absehen konntet, welche Folgen Euer Versuch haben würde? Und habt Ihr nicht selbst gesagt, es sei ein gefährliches Wagnis?

Fürst: Davon versteht ihr Frauen nun mal nichts. Jetzt aber mal ernsthaft: Die Sache interessiert mich halt. Seit einigen Jahren versuche ich schon, der Natur ihre Geheimnisse zu entlocken. Es ist eine faszinierende Arbeit, aber wenn ich ehrlich bin, ist sie auch gefährlich.

Fürst: Woher wiβt Ihr das? Es war doch alles streng geheim!

Beatus: Ist Euch denn schon einmal etwas dabei passiert?

Fürst: Ja, bei einem Versuch explodierte ein Kessel. Dabei wurde mein Bein schwer verletzt. Die Ärzte versuchten damals zu retten, was noch zu retten war, aber leider ohne Erfolg. Seitdem ist es gelähmt.

Wunderapostel: Ich weiβ es nun einmal! Und ich sage Euch: das, was Ihr damals getan habt, hättet Ihr nicht tun dürfen. Ihr habt mit dem Feuer gespielt und Euch daran verbrannt. Wie ich schon sagte: es war Leichtsinn. Und wenn man leichtsinnig ist, dann zieht sich der Herrgott zurück und kann den Menschen nicht mehr schützen.

Fürst: Ach, jetzt war ich wohl auch noch selbst schuld!

Wunderapostel: Ich sage Euch nur, daβ man mit dem Leben nicht spielen darf! Suchen ist gut, aber versuchen, das ist das Böse!

Der Fürst wendet sich an seine Frau.

Fürst: Hörst du, was dieser Mann sagt? Er glaubt, wir Forscher würden alles falsch machen. Für wen hält er sich eigentlich?

Wunderapostel: Der gröβte Fehler, den die Menschen machen, ist der, daβ sie Gottvater nicht mehr fragen, was sie tun dürfen und was nicht.

Der Wunderapostel steht auf, geht aufgebracht im Raum hin und her.

Man greift in einer Art in die Schöpfung ein, die sündhaft ist. Nie zuvor war es so arg wie in unserer heutigen Zeit.
Doch es wird alles noch viel schlimmer kommen.
Weltkriege werden diese Erde erschüttern, Menschen werden gräßliche Waffen und Bomben bauen; man wird das Atom spalten – den Baustein dieser Schöpfung –; man wird selbst bestimmen wollen, wann Kinder das Licht der Welt erblicken dürfen und wie viele; man wird Pflanzen, Tiere und sogar den Menschen nach eigenen Vorstellungen wachsen lassen wollen; ja, man wird sogar glauben, ohne Gott heilen zu können.
Der Deckmantel der Wissenschaft wird sein, das Gute zu wollen, doch in Wahrheit dienen sie Satan.

Fürst: Das ist ja wohl die Höhe!

Wunderapostel: Es ist die Wahrheit! Dieser Frevel wird einmal ein Ende nehmen, kurz bevor das Ende der Menschheit besiegelt zu sein scheint. Dann greift Gott ein, dann wird Er sich über den freien Willen des Menschen erheben.

Der Fürst ist wütend, springt von seinem Stuhl auf und geht dem Wunderapostel entgegen.

Fürst: Woher wollt Ihr denn das alles wissen? Ihr tut gerade so, als würdet Ihr Gott persönlich kennen. Wer weiß denn, ob es Ihn überhaupt gibt?

Die Fürstin bemerkt plötzlich, daß ihr Mann wieder ganz normal gehen kann.

Fürstin: Mein Gott, Ludwig, du kannst ja wieder gehen!

Der Fürst bleibt wie erstarrt stehen und schaut den Wunderapostel an.

Wunderapostel: Nun habt Ihr erlebt, daß es Gott gibt.

Ein Mann voller Geheimnisse - Abschied von Uta

Uta und Beatus beobachten aus einem Fenster des Schlosses den Wunderapostel.

Sprecher: Uta und ich erlebten noch einige seltsame Geschehnisse mit dem Wunderapostel. Wir fragten uns immer häufiger, was er nur für ein Mensch war. Manchmal erschien er uns, als wäre er mit ganz anderen Welten verbunden. Wir wußten nicht, was er sah; wir wußten nicht, was er fühlte. Für uns blieb er ein geheimnisvoller Unbekannter. Nur eines stand fest: seine Liebe zu Gott und seine Ehrfurcht vor dem Leben waren unbeschreiblich groß.
Nach einigen Wochen glücklichen Beisammenseins nahm ich wieder Abschied von Uta. Ich wollte nun zu meinen Eltern; auch sie sollten wissen, daß ich wieder ein glücklicher Mensch geworden war.
Der Abschied voneinander fiel uns diesmal nicht mehr schwer, denn es war kein Abschied für immer.

Die Macht des Wunderapostels

Sprecher: Eines Tages gerieten wir in ein fürchterliches Gewitter.
Da geschah das Unvorstellbare:
Der Wunderapostel gebot dem Sturm Einhalt!
Ich finde keine Worte dafür, wie ich mich in diesem Moment gefühlt habe.

Beatus' Heilung

Sprecher: So überschlugen sich die Ereignisse. Es war im Monat Juli, im Hochsommer, als der Wunderapostel und ich in einem Gasthaus eine Rast eingelegt hatten. Plötzlich begann ein Walzbruder auf der Geige zu spielen.

Ich hatte geglaubt, daß in mir die unendliche Liebe zum Geigenspielen längst erloschen sei, doch durch das Spiel des Geigers holte mich meine Vergangenheit wieder ein. Die alte Sehnsucht, noch einmal selbst Geige spielen zu können, brach wieder hervor. Ich wollte es nicht wahrhaben, doch der schreckliche Schmerz des Verlustes wütete erneut in mir.

Der Geiger hört auf zu spielen. Die Walzbrüder applaudieren begeistert. Es herrscht eine ausgelassene Stimmung.

Wunderapostel: Beatus, gehe zu diesem Mann, und spiele du die Geige!

Beatus: Was sagt Ihr da?

Wunderapostel: Ich sagte, daß du die Geige spielen sollst.

Beatus: Aber ich kann doch nicht.

Wunderapostel: Doch, du kannst. Vertraue mir nur! Geh!

Beatus geht zum Geiger, der sich immer noch feiern läßt.

Beatus: Darf ich auch einmal die Geige haben?

Geiger: Gut.

Der Geiger setzt sich wieder zu seinen Freunden an den Tisch.

Ein Walzbruder: Da scheint auch jemand sein Glück zu versuchen.

Geiger: Hoffentlich trifft der überhaupt die Saiten. – *Gelächter* –

Beatus beginnt zu spielen – er ist tatsächlich geheilt! Alle sind beeindruckt von seiner einfühlsamen, außergewöhnlichen Spielweise.

Mann: Der scheint aber nicht zum ersten Mal zu spielen!

Geiger: Nein, so hab' ich noch nie jemanden spielen gehört!

Als der letzte Ton verklungen ist, herrscht für kurze Zeit feierliche Stille. Dann erklingt tosender Applaus.

Zweiter Walzbruder: Herrgottsgeiger, spiel noch ein Lied!

Beatus kann sein Glück nicht fassen. Er kniet vor dem Wunderapostel nieder.

Dritter Walzbruder: Was macht er da? Warum kniet er denn nieder?

Beatus: Wie kann ich Euch nur danken?

Wunderapostel: Deine Freude ist mir Dank genug! Steh wieder auf, und laß deine Brüder nicht länger auf das nächste Lied warten.

Das unaussprechliche Geheimnis

Sprecher: Seit der Zeit im Weinkeller von Eberbach bin ich geheilt. Der Wunderapostel wurde mein Erlöser. Und je länger ich mit ihm zusammen war, desto öfter drängte sich mir die Frage auf: Wer war er nur, der einem wie kein anderer ins Herz zu schauen vermochte, dem scheinbar nichts unmöglich war. Wer war er nur?

Beatus und der Wunderapostel erreichen ein steinernes Kreuz mit dem Korpus Christi. Sie stehen längere Zeit in aller Stille davor. Plötzlich hat Beatus ein geistiges Erlebnis.

Beatus: Vater!

Wunderapostel: Das, was du gerade erlebt hast, behalte für dich. Es soll ein unaussprechliches Geheimnis bleiben!

Langersehntes Wiedersehen und die Entscheidung

Mutter und Vater Klingohr begeben sich zur Nachtruhe. Vater Klingohr betet.

Vater: Ach, Mutter, ich muß immer an unseren Sohn denken. Wie einsam und unglücklich muß er sein!

Mutter: Nun gräm dich nicht wieder so. Du wirst noch selbst dabei krank werden. Es ist doch so alles schon schlimm genug.

Vater: Ja, du hast ja recht. Aber der arme Junge, er tut mir ja so leid. Wer weiß, wo er jetzt ist.

Plötzlich hört man in der Ferne Geigenspiel.

Mutter: Wer spielt zu so später Stunde noch Geige?

Vater: Und dazu noch so gut. So gefühlvoll konnte doch nur einer Geige spielen – unser Beatus!

Die Eltern schrecken hoch und gehen sofort aus dem Haus. Aus der Dunkelheit heraus kommt Beatus in den Lichtkegel des erleuchteten Hauses. Die Wiedersehensfreude kennt keine Grenzen.

Sprecher: Die Heimkehr zu meinen Eltern bedeutete mir sehr viel. Was für eine Freude war es, ihnen erzählen zu können, daß ich wieder glücklich und vollkommen gesund war. Ihre Not und ihre Sorgen beenden zu können, erfüllte mich mit großer Dankbarkeit.
Ich konnte an diesem Abend noch lange nicht einschlafen, denn es überkamen mich die Bilder meines größten Ruhmes. Sollte ich wieder zurück auf die Bühne, die mir so viel bedeutet hatte? Oder sollte ich nur noch für die ärmsten der Armen spielen und ihnen in ihrem tristen Dasein eine wirkliche Freude bereiten? Die Entscheidung fiel mir wahrhaft nicht leicht.
Erst nach langem Ringen entschloß ich mich, nur noch für sie zu spielen.
Später erfuhr ich, daß der Wunderapostel in dieser Nacht für mich gebetet hatte, damit ich die Kraft erhielt, dem Ruhm zu entsagen.
Und so spielte ich von da an überall dort, wo es Not gab. Ja, ich war irgendwie ein anderer Mensch geworden. Der Wunderapostel hatte in mir eine Umkehr bewirkt. Für mich zählten nicht mehr der Ruhm und der weltliche Erfolg. Mein höchstes Glück wurde es, den Ärmsten eine Freude zu bereiten und durch mein Spiel ein Stück ihrer Seelenwunden zu heilen.
Ich stellte mein Leben in den Dienst der Nächstenliebe und wurde dabei selbst so glücklich wie nie zuvor.

Offenbarung und Abschied

Sprecher: Ich glaubte, es würde immer so weitergehen, doch dann kam der Tag, den ich nicht wahrhaben wollte. Der Wunderapostel führte mich genau an den Ort, wo mir damals das

leuchtende Kreuz erschienen war. Ich konnte es einfach nicht fassen, als er mir offenbarte, daß er mir dieses Zeichen gesandt hatte. Wie sollte so etwas nur möglich sein? Doch an eines erinnerte ich mich noch sehr genau: das leuchtende Kreuz hatte damals in mir tatsächlich wieder den Wunsch erweckt, ihn zu finden.

Beatus: Vater, weißt du, was ich mich schon die ganze Zeit frage? Warum durfte ich dir begegnen und mit dir durch die Lande ziehen?
Warum? Warum gerade ich?

Wunderapostel: Weil Gott es so will! Du bist ein Auserwählter für eine große Aufgabe.

Beatus: Ein Auserwählter?

Wunderapostel: Ja! Beatus, ich kenne dich durch und durch. Und darum habe ich dich zu mir geführt, dich belehrt, um dich für diese große Aufgabe vorzubereiten.

Beatus: Was denn für eine große Aufgabe, Vater?

Wunderapostel: Das darf ich dir nicht sagen. Das wirst du selbst erkennen müssen. Es fällt mir nicht leicht, aber aus diesem Grunde muß ich dich nun verlassen.

Beatus ist außer sich.

Beatus: Nein, Vater. Ich brauche dich doch! Was soll ich denn ohne dich nur tun?

Wunderapostel: Es geht nicht anders. Ich habe dir bis hierhin den Weg aufzeigen dürfen, wie du mit dem Herrgott eins werden kannst, doch gehen mußt du ihn selbst. Nur so kannst du deiner Aufgabe gerecht werden.

Ich werde nun wieder dort oben zu meinen Brüdern gehen.

Beatus: Den Berg hinauf? Lebt denn dort jemand?

Wunderapostel: Nicht auf dem Berg, sondern geistig im Berg. Das irdische Auge vermag sie nicht zu sehen, die „Großen Brüder". Aber sie sind da!

Beatus: Wer sind die „Großen Brüder", und warum sind sie dort?

Wunderapostel: Ich habe doch bei Fürstin Uta einmal gesagt, daß in naher Zukunft eine Zeit kommen wird, in der Gott mit den Menschen abrechnet.
Der ganzen Menschheit steht ein großes Endgericht bevor, in dem sich die Spreu vom Weizen trennt. Alles Böse muß dann von dieser Erde weichen, und das Gute wird wieder auferstehen. Deshalb habe ich die Brüder zu diesem Berg geführt, damit sie von hier aus der Menschheit geistig helfen und dadurch noch viele gerettet werden. Die „Großen Brüder" sind die Diener des Heiligen Grals!

Beatus: So gibt es also tatsächlich diesen Gralsorden?

Wunderapostel: Ja. Und die göttliche Kraft, die aus der heiligen Schale des Grales strömt, wird der Menschheit die Erlösung bringen und sie von der Blindheit des Unwissens befreien.

Beatus, auch du bist ein Auserwählter der Bruderschaft des Grals.

Beatus ist fassungslos.

Nun muß ich aber wirklich gehen. Mein Auftrag ist erfüllt.

Beatus: Aber wie soll ich mich denn ohne dich zurechtfinden? Woher weiß ich denn, was ich zu tun habe?

Wunderapostel: Laß dich von deiner inneren Stimme führen. Und so du Hilfe brauchst, dann rufe mich, und ich werde dasein und dir helfen. Wenn du mich auch nicht siehst, so werde ich dennoch immer bei dir sein.
Ich bin hier und überall zugleich!
Und nun lebe wohl!

Der Wunderapostel reicht Beatus zum Abschied die Hand und geht dann in Richtung des Berges, wo Beatus das leuchtende Kreuz erschienen war. Mit einem Mal bleibt er stehen, und sein ganzer Körper löst sich in Licht auf – in ein leuchtendes Kreuz.

Szenenfotos
zur Entstehung des Films

Eine Kulisse entsteht.

Ein Schloßhof verwandelt sich in einen historischen Jahrmarkt.

Schwierigkeiten beim Transport des Aggregates (Bild oben) – die Crew und ihre Autos: statt Sattelschleppern Kleintransporter

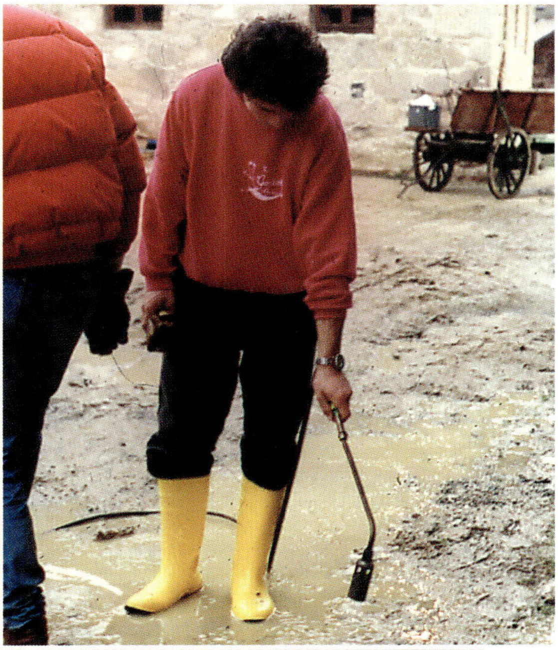

Das Filmteam nach einem Drehtag im Museumsdorf Bayrischer Wald in Tittling (Bild links oben); der Boden muß wegen des Drehanschlusses nach einer frostigen Nacht am anderen Morgen mit Brennern aufgetaut werden (Bild rechts oben); Frank Rogowski alias Heinrich Truckenbrodt landet unsanft im Morast und muß dort wegen eines Umbaus minutenlang liegenbleiben (Bild Mitte links); eine Dollyfahrt um die Schauspieler (Bild unten).

Birgit Häusler (Fürstin Uta) mit Ehemann und Sohn als Statisten im Armenviertel

Beatus in „dreifacher Ausführung" – Thomas Eich, Thorsten Glaubitz, Bruno Erler

Die Böhmischen Musikanten auf dem Marktplatz in Rothenburg o.d.T. (Bild links oben und Bild unten)

Letzte Anweisungen des Regisseurs (Bild rechts)

Hotel
Bären

Das Drehbuch verlangt es: die Statisten müssen schmutzig sein.

Aufnahmen während der Nacht – Geduldsprobe für alle Beteiligten

Die beinahe unerträgliche Kälte zehrt an den Kräften – Regisseur Busse wird in der Not erfinderisch (Bild links unten).

Dreharbeiten im Sauerland bei minus 15 Grad

Charly Blöhm ist sich für nichts zu schade. In dieser Szene „doubelt“ er ein Pferd (Bild oben). Der einzige Wohnwagen am Drehort wird zur willkommenen Stätte, um sich aufzuwärmen (Bild unten).

In einem Gewölbekeller der Wewelsburg bei Paderborn entsteht die geheimnisvolle Alchimistenküche.

Hans Georg Leiendecker, u.a. verantwortlich für Ausstattung und Bauten, in seinem Element

Freundschaftliche Geste nach einem erfolgreichen Dreh – Regisseur Thomas Busse mit Schauspieler und Opernsänger Eberhard Jansen

Angespannte Atmosphäre während der Dreharbeiten

Ein uralter Weinkeller im Kloster zu Eberbach, wo bereits „Der Name der Rose“ von Umberto Eco gedreht wurde, wird zu neuem Leben erweckt.

Die beiden Hauptdarsteller Thomas Eich und Thomas Busse, umringt von zahlreichen Statisten (Bild rechts unten)

Der Marktplatz von Miltenberg – Mittelpunkt einer der aufwendigsten Szenen im Film

Wartezeit für die Statisten (Bild oben); Hauptdarsteller Busse sucht Schutz vor der Sonne, damit die Maske länger hält (Bild Mitte); H. G. Leiendecker, rechte Hand von Thomas Busse, wird bei diesem Dreh als Regieassistent besonders gefordert (Bild links unten); der Dreh kann beginnen (Bild rechts unten).

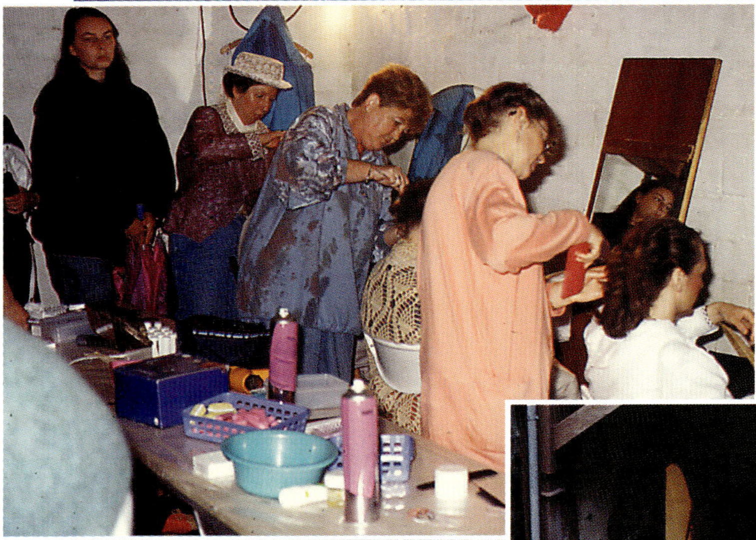

Ein besonderer Dreh verlangt besonderen Aufwand für die Verantwortlichen von Maske, Frisuren und Kostümen.

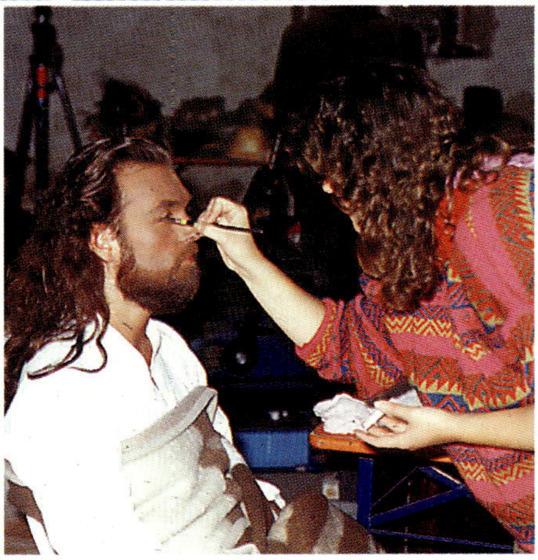

Die Hitze macht dem Filmteam zu schaffen.

Unter schwierigen Bedingungen wird der Dreh im Gebirge vorbereitet.

Letzte Vorbereitungen für einen Hubschrauberflug um die Bischofsmütze

Trotz aller Arbeit unter erschwerten Bedingungen ließ man sich den Humor nicht nehmen (von links Hans Georg Leiendecker, Frank Rogowski, Wilfried Venedey).

Immer wieder werden die Kameraeinstellungen vom Regisseur kontrolliert und mit dem Kameramann abgesprochen.

Die Bischofsmütze – ein Hauptdrehort im Film

Fotograf Wolfgang Hausmann auf der Suche nach neuen Motiven

Dreharbeiten im Garten von Schloß Lembeck bei Dorsten

Für das leibliche Wohl wird bestens gesorgt – Beate Kamp (Bild links oben) und Alexandra Kruschwitz (Bild rechts oben) kochen für das komplette Filmteam in einem kleinen Wohnwagen.

Letzte Vorbereitungen für einen Dreh – jeder Handgriff muß sitzen.

Uhrenvergleich – eine ganze Nacht wurde ohne große Pausen durchgedreht. Das Filmteam ist völlig erschöpft.

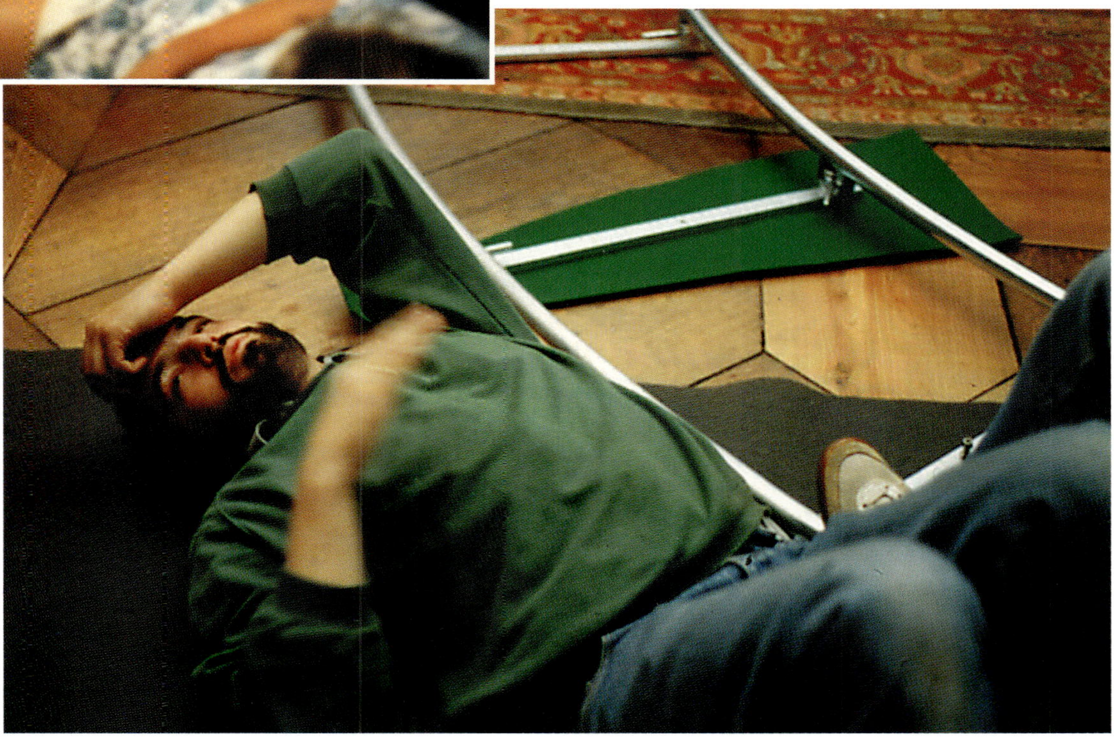

Thomas Busse bezieht Stellung zum Film (Bild oben). Große Besprechung während eines Drehs in Schloß Lembeck (Bild unten).

Dreharbeiten in Schloß Corvey bei Höxter

Thomas Busse zwischen der „Obrigkeit der Kirche“

Das fast komplette Filmteam – Abschlußfoto nach dem letzten Drehtag

Im Cutterstudio: Cutterin Dagmar Brune (Bild o. r.), Cutterassistentin Petra Zimmermann (Bild o. l.) und Regisseur Thomas Busse bei der Arbeit

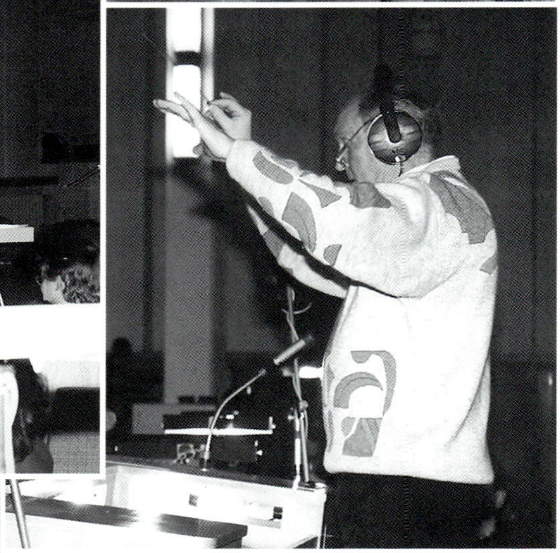

Die Filmmusik von Burkhard Pesch wird vom ehemaligen DEFA-Symphonie-Orchester der Brandenburgischen Philharmonie unter der Leitung von Manfred Rosenberg eingespielt.

(Bild u. l.) Dirigent Manfred Rosenberg (1.v.l.) im Gespräch mit dem Komponisten Burkhard Pesch (2.v.l.) und Tontechniker Wilfried Venedey

Endmischung in einem der größten Mischateliers Europas (ehemalige DEFA-Studios Babelsberg)
Bild oben: Tonmeister Manfred Arbter (vorne) und Musiktonmeister Jens Busch (hinten)
Bild unten: Technischer Leiter Wilfried Venedey (vorne)

Mitwirkende

Thomas Eich als Beatus Klingohr
Thomas Busse als Wunderapostel
Frank Rogowski als Heinrich Truckenbrodt

Eberhard Jansen als Bischof
Birgit Häusler als Fürstin Uta

Erika Kamp als Bäuerin
Johannes Forg als Fürst von Wallburg
Michael Löllgen als Kardinal

Vera Kamp als junge Frau
Werner Lendzian als Pferdeschänder
Helmut Großmann als Dorfbewohner
Waltraud Lüger als barmherzige Frau
Helmut Kaszub als barmherziger Mann
Jürgen Sach als 1. Wirt
Andrea Bücherl als junge Mutter
Nora und Katharina Schmitz als ihre Kinder
Roland Rösler als 2. Wirt
Hans Georg Leiendecker als Matthias
Werner Bette als Bürgermeister
Thea Bette als seine Frau
Kurt Kreiler als Rollstuhlfahrer
Heike Prömpers als blindes Mädchen
Ursula Berse als ihre Mutter
Peter Küpper als reicher Kaufmann
Detlef Mayer als Mann in der Menge
Bruno Erler als sechsjähriger Beatus
Thorsten Glaubitz als zwölfjähriger Beatus
Christa Fortmann als Mutter Klingohr
Karl-Heinz Beddies als Vater Klingohr
Manfred Fortmann als Herr Ysenberg
Marlene Wieczorek als Fürstin von Wallburg
Burkhard Pesch als Geiger

Synchronsprecher
Rolf Schult – Erzähler
Viktor Neumann – Beatus Klingohr
Joachim Tennstedt – Wunderapostel
Rolf Berg – Heinrich Truckenbrodt

Kamera
Charly Blöhm   Akim Klinger

Kameraassistent
Stefan Kamp

Ton
Danilo Kruschwitz   Wilfried Venedey

Musik
Burkhard Pesch

Die Musikaufnahmen erfolgten mit dem ehemaligen DEFA-Symphonieorchester
der Brandenburgischen Philharmonie Potsdam
des Hans Otto Theaters im DEFA-Musikatelier Potsdam-Babelsberg,
Solovioline: Veorel Petrovicescu und Vladimir Litsoukov
Dirigent: Manfred Rosenberg

Tonmeister
Jens Busch

Musikalische Gesamtleitung
Wilfried Venedey

Ausstattung und Bauten
Hans Georg Leiendecker

Cutterin
Dagmar Brune

Cutterassistentin
Petra Zimmermann

Kostüme

Andrea Bücherl Christa Leiendecker Hans Georg Leiendecker Waltraud Lüger Marlene Wieczorek Petra Zimmermann

Maske

Beate Hinzen Kirsten Jürgensen Vera Kamp Hans Georg Leiendecker Petra Leiendecker Brigitte Lüger Marlene Wieczorek

Frisuren

Brigitte Lüger

Requisite

Andrea Bücherl Johannes Forg Waltraud Lüger Uschi Prosten

Blumendekoration

Jost Kirfel

Beleuchtung

Helmut Kaszub Damir Kovačević Ivo Kovačević Axel Mast

Skript

Vera Kamp Heike Prömpers Uschi Prosten

Dolly

Stefan Kamp Frank Rogowski Wilfried Venedey

Handwerker

Helmut Joerihsen Ralf Lüger Christoph Pesch Michael Taube u.a.

Frickelteam

Stefan Kamp Frank Rogowski

Verpflegung

Beate Kamp Alexandra Kruschwitz Ute Prömpers

Standfotos

Wolfgang Hausmann Jutta Kröll

Pressearbeit
Reinhild Hausmann-Elter

Aufnahmeleitung
Jürgen Block   Jutta Kröll   Rolf Lüger   Helmut Mast   Uschi Prosten

Produktionsleitung
Klaus Frangen   Wilfried Venedey

Technische Gesamtleitung
Wilfried Venedey

Regieassistenz
Hans Georg Leiendecker   Petra Zimmermann

Drehbuch und Regie
Thomas Busse

Dieser Film wurde auf Fujicolor Kine Film gedreht.

Unser besonderer Dank gilt:

dem Bruno Gröning-Freundeskreis für seine Hilfe und Unterstützung
Frau Grete Häusler für die Freistellung einiger Zitate Bruno Grönings
Firma LTM, Gustav Schwaupa
Filmwerkstatt Essen, Hans-Joachim Esser-Mamat
Konzertagentur h&m, Potsdam
Museumsdorf Bayrischer Wald Dreiburgensee, Georg Höltl
Schloß Lembeck, Graf von Merveldtsche Rentei
Freifrau von Twickel und Herrn Otte, Dorsten
Hotel Bären, Familie Müller, Rothenburg o.d.T.
Herrn Helmut Mast, Altenkirchen
Ernst Küsters und Kurt Zeimert für ihre Beratung

Weiterhin danken wir:

Filmtechnik 16, Düsseldorf
Studio Pritz, Bonn
cine rent Köln
TMK Studio Melder, Köln
Volker Rodde, Film und Video Köln
Cine Equipment köln
Aggreko Deutschland, Mülheim/Ruhr
Firma FGV Schmidle GmbH, München
Schloß Corvey, Herzog von Ratiborsche, Rentkammer, Höxter
Schloß Steinau a.d. Straße, Peter Borde
Dornröschenschloß Sababurg, Familie Koseck
Erbprinz zu Ysenburg und Büdingen
Weinkloster Eberbach
Museumsdorf Sobernheim
Oberpfälzer Freilandmuseum, Nabburg
Stadtverwaltungen Miltenberg, Rothenburg o.d.T. und Erkelenz
Fremdenverkehrsamt Filzmoos
Unterhofalm, Familie Schörghofer, Filzmoos und
Oberhofalm, Familie Salchegger, Filzmoos
Familien Gappmeier und Kirchgasser, Filzmoos
Gasthof Zur Sonne, Marburg/Lahn
Brohltal Eisenbahn GmbH
MECL Saar-Hochwald-Museumsbahn
Jugendherberge Wewelsburg, Familie Tillmann
Herrn von Mallinckrodt, Büren-Wewelsburg
Ehepaar Erika und Gert Kamp
G. Klein und A. Dangel, Schwäbische Alb
Familien Hebbecke, Schwermer und Löcker, Sauerland
Familie Dembeck,
Christa und Manfred Fortmann
Familien Eudenbach, Scheide und Böhm, Westerwald
den Anwohnern der Hofbronnengasse, Rothenburg o.d.T.
Familien Wagner, Wolf und Bess, Büdingen
Matthias Koller
Harald Willmanns
Georg Kröll
Hermann-Josef Forg
sowie all den ungenannten Statisten und Helfern

Bilder von Wolfgang Hausmann:

20/21/22 o./22 u. r./27 o/38/49 o. r./56 o. l./61 o./66/67/69 u. r./69 u. l./70 o./71/73 u./74 u./75/78/79/80 o./83/88 o. r./88 m. l./89 u./91 o./91 m. r./98/99 u./101/104/105/106 o./108/110 l./110 r./112/113 u./117 o./117 m. l./117 m. r./117 u. l./117 u. r./119 o. l./119 m. l./119 u./120 u./120 o. r./121 o. l./121 u./126 o./126 m./127 o./127 u./129/130 m. r./130 u. l./131 o./131 m. l./131 m. r./131 u./132 m. r./132 u. l./132 u. r./133 u. l./134 o. l./134 o. r./134 m. l./134 u. l./134 u. r./135 o./136 m./137 o./137 u./138 o./138 u./139 o./144 o./144 u./145 o./145 u. l./146 o. l.

Bilder von Jutta Kröll:

37/53 u./61 u./63/64 u./80 u./85 o./93 u./94/96/113/118 o./118 u./120 l./120 m. r./121 r./122/123 o./124 u. l./124 u. r./125 o./125 u. l./125 u. r./126 m. r./128 o. l./128 o. r./128 m. r./128 u./130 o./132 o./132 m. l./133 o./133 u. r./135 u. l./136 o. l./137 m./139 m. l./139 u. r./140 o. l./140 o. r./140 u./140 m. r./141 o. l./141 o. r./141 u. l./141 u. r./142 o./142 u. l./142 u. r./143 o. l./143 o. r./145 m. l./146 o. r./146 u.

Bilder von Damir Kovačević:

22 u. l./116 o./116 m./116 u./119 o. r./123 u. r./124 o. r./124 o. l./126 m. l./126 u. r./133 m./135 u. r./136 u. r./143 u./145 u. r./147 o. l./147 o. r./147 u.

Bilder von Harald Feierabend:

148 o./148 m. l./148 m. r./148 u. l./149 o./149 u.

Alle übrigen Bilder sind dem Originalfilm entnommen.

Weitere Bücher aus unserem Verlagsprogramm

Grete Häusler-Verlag Nachf.

Rheindahlener Str. 78 • D-41189 Mönchengladbach
Tel.: 0 21 66 / 95 80 10 • Fax: 0 21 66 / 5 92 31

Grete Häusler (Hrsg.)

Bruno Gröning -
Das Heil erfahren, das ist Wahrheit

DM 19,50 175 S. broschiert
Best.-Nr. 120.3
ISBN 3-9801302-3-1

Durch den mit „Erntedank" betitelten Vortrag Bruno Grönings leitet die Verfasserin über zu den Ergebnissen der Befolgung seiner Lehre.
Die dokumentierten, aktuellen Heilungsberichte werden von Ärzten fachmännisch kommentiert. Sie zeigen die Grenzen der medizinischen Heilmöglichkeiten auf und weisen darauf hin, daß alle Krankheiten auf dem geistigen Wege heilbar sind, sofern die Menschen glauben, daß Gott der größte Arzt ist. Ein beeindruckendes Dokument der Wahrheit um Bruno Gröning.

Grete Häusler (Hrsg.)

Bruno Gröning - Einführung in seine Lehre

DM 12,50   71 S. brosch.
Best.-Nr. 120.4 D
ISBN 3-980 1302-6-6

Dieses Taschenbuch beinhaltet einführende Grundaussagen der Lehre Bruno Grönings.
In den fünfziger Jahren wurde die Weltöffentlichkeit auf ihn aufmerksam, als unzählige Menschen durch ihn von sogar unheilbaren Leiden befreit wurden.
Die Befolgung seiner Lehre erlöste nicht nur damals zu seinen Lebzeiten Menschen von Not und Pein, sondern nachweislich genauso in unserer heutigen Zeit. Er gab zu wissen: „Es gibt kein Unheilbar - Gott ist der größte Arzt. Vertraue und glaube, es hilft, es heilt die göttliche Kraft." Die vorliegende Schrift ist eine Gebrauchsanweisung für den Empfang dieser von Gott ausgestrahlten Kraft.